P9-AZU-991

MEDUSA

EMILIO CARBALLIDO

Courtesy of Héctor Xavier

Emilio Carballido

—·—·—· MEDUSA —·—·—·

OBRA EN CINCO ACTOS

Edited by

Jeanine Gaucher-Shultz

Alfredo Morales

*Both of California State College
at Los Angeles*

Prentice-Hall, Inc., *Englewood Cliffs, N.J.*

A Xochitl y Cyril

ISBN: 0-13-574079-7
Library of Congress Card No.: 72-151513

10 9 8 7 6 5 4 3 2 1

Printed in the United States of America

PRENTICE-HALL INTERNATIONAL, INC., London
PRENTICE-HALL OF AUSTRALIA PTY., Sydney
PRENTICE-HALL OF CANADA, LTD., TORONTO
PRENTICE-HALL OF INDIA PRIVATE, LTD., New Delhi
PRENTICE-HALL OF JAPAN, INC., Tokyo

INDICE

PREFACE

The play *Medusa* was selected because it illustrates in Carballido's dramatic production the union of realism and fantasy, a characteristic of his best plays. It is a contemporary interpretation of the Greek myth, in which the author presents a universal and eternal theme, while communicating to his work some very Mexican traits. It is this quality of Carballido's art, in *Medusa* and in other dramas as well, which makes him the leader of the contemporary Mexican theater.

This text is intended for the intermediate student, and also for the advanced student in Spanish American and Mexican literatures. The introduction is an extensive presentation of Carballido within the frame of the contemporary Mexican drama. Every important aspect of the author's production up to the present has been given careful consideration. The selected critical bibliography will allow advanced students to further their research on the subject. The introduction and the footnotes to the play are in Spanish. An ample vocabulary, numerous questions for conversation classified by acts, and themes for composition complete the edition.

The editors wish to express their gratitude to Emilio Carballido who, through correspondence and several interviews, has given invaluable assistance in the preparation of this book. We are also most grateful to the very talented Mexican artist, Marta Palau, who has prepared the cover of this edition.

J. G.-S.
A. O. M.

ABREVIATURAS

col.	coloquial
fig.	figurativo
imper.	imperativo
Méx.	voz de México
mit.	mitología
pop.	voz popular
pr.	presente
subj.	subjuntivo
vulg.	vulgarismo

INTRODUCCION

El teatro mexicano contemporáneo

Hasta la segunda década del siglo veinte, la producción dramática mexicana era una pobre imitación de la de España. El teatro mexicano empieza a definir su propia personalidad hacia 1928. En este año, se funda un grupo experimental, el Teatro Ulises, que se dedica, debido a la carencia de repertorio genuinamente mexicano, a traducir obras del teatro moderno norteamericano y europeo (O'Neill, Synge, Pirandello, Lenormand, Romains, Cocteau, etc.) para presentarlas en escena. En 1933, dos miembros del grupo Ulises estrenan sendas obras que, según los críticos, marcan la nueva etapa de la dramaturgia mexicana: Celestino Gorostiza escenifica *La escuela del amor*, en que se discute la situación dramática del teatro; y Xavier Villaurrutia, *Parece mentira*, en la cual el autor usa de técnicas teatrales modernas para revelar su fina psicología y su sutil ironía.

Durante la segunda guerra mundial, México queda aislado de las actividades artísticas extranjeras y esta situación suscita una confrontación de los dramaturgos mexicanos con su propia tierra. De allí surge una corriente costumbrista y realista abundante. Otra repercusión indirecta de la guerra se puede notar en el pensamiento mexicano. Ante la crueldad y el sufrimiento que se habían abatido sobre el mundo, aparece la preocupación de las relaciones del hombre con el cosmos, Dios, la humanidad, la civilización, y la Historia.

El año de 1946 marca los principios del teatro propiamente contemporáneo con la fundación del Instituto Nacional de Bellas Artes. Este incluía una Escuela de Arte Dramático que fue la primera en su género en México. La temporada inicial, en 1947, fue un gran acontecimiento artístico con la presentación de tres obras de dramaturgos mexi-

1

canos, entre las cuales figuraba, *El Gesticulador*, de Rodolfo Usigli.

El Teatro de Bellas Artes reveló en sus temporadas siguientes a varios de los mejores representantes del nuevo teatro mexicano, inclusive a Emilio Carballido, considerado en la actualidad como el jefe del movimiento. En efecto, el drama de atmósfera provinciana con que se dio a conocer, *Rosalba y los Llaveros*, fue estrenado en Bellas Artes en 1950.

El autor

Emilio Carballido nació en Córdoba, Veracruz, el año de 1925. El medio ambiente en que creció, su familia inmediata, padres y tíos amantes del arte y gramáticos de profesión, influyeron en despertar desde muy temprana edad los talentos artísticos y literarios de Emilio. Desde pequeño fue cautivado por el teatro.

Carballido cursó sus estudios superiores en la Facultad de Filosofía y Letras de la Universidad Nacional Autónoma de México en donde obtuvo el título de Maestro en Letras inglesas con especialización en el Arte Teatral. En 1950, Salvador Novo[1] presentó al joven dramaturgo al público capitalino en su comedia *Rosalba*. El estreno fue un éxito rotundo. La temprana maestría en el arte teatral que demostró Carballido, le hizo merecedor a una beca del Instituto Rockefeller de Nueva York para estudiar arte dramático. Poco después le fue concedida otra beca de dos años, por el Centro Mexicano de Escritores, para continuar sus estudios en el teatro.

La cultura teatral de Emilio se ha enriquecido también a través de sus viajes por Norteamérica, por el Oriente, y por Europa, como miembro consejero en varias delegaciones artísticas mexicanas. Su experiencia en asuntos culturales y artísticos le valió el nombramiento, por el gobierno mexicano, de Director del Programa Cultural de la XIX*ª* Olimpiada (1968) con sede en la Ciudad de México.

Como educador, Emilio Carballido ha enseñado cursos avanzados sobre el Teatro Mexicano y sobre la literatura hispanoamericana en la Universidad Rutgers de Nueva Jersey, y en el verano de 1969, en la Universidad de La Coruña en España. Es así mismo, un conferencista

---

1. **Salvador Novo:** otro de los miembros del mencionado Teatro Ulises.

muy solicitado por universidades y colegios norteamericanos, en algunos de los cuales también se han representado sus obras. *Medusa* fue estrenada por la Universidad de Cornell en 1966, y ¡*Silencio, pollos pelones, ya les van a echar su maíz!* en el Scripps College de California, en febrero de 1969.

Al presente, Carballido es miembro de la facultad de la Escuela de Arte Dramático del Instituto Nacional de Bellas Artes y profesor en el Instituto Politécnico de la Ciudad de México.

La obra

Emilio es un autor muy versátil y prolífico; ha publicado once obras teatrales extensas,[2] veintiún dramas en un acto, varios cuentos, algunos guiones cinematográficos, libretos de ballet y de ópera, y tres novelas.

Carballido usa los actos para las obras estructuradas más académicamente como *Rosalba, Felicidad, Las estatuas de marfil.* Es interesante notar que las obras, en que usa Carballido la división en actos, son realistas en carácter y detalle. Para sus obras más experimentales, usa las jornadas. A este grupo pertenecen, entre otras, *El relojero de Córdoba, El día que se soltaron los leones* y ¡*Silencio, pollos pelones...!* El autor explica que usa jornadas, siguiendo la estructura del acto del Siglo de Oro, al estilo de Calderón y Lope,[3] es decir, con múltiples cambios de lugar y con varios cuadros.

En la obra de Carballido hay dos tendencias. Una es realista; la otra, de fantasía o imaginación. La primera está basada en un neorealismo escénico—al estilo del teatro moderno norteamericano—en el cual vemos el drama de lo cotidiano, del medio ambiente local y de la psicología del mexicano. En esta corriente, encontramos obras que enfocan las costumbres sociales de una época determinada. En la otra

---

2. *Rosalba y los Llaveros* (1950); *La hebra de oro* (1955); *La danza que sueña la tortuga* (1956); *Felicidad* (1957); *El día que se soltaron los leones* (1959); *Medusa* (1960); *El relojero de Córdoba* (1960); *Las estatuas de marfil* (1960); *Un pequeño día de ira* (1962); ¡*Silencio, pollos pelones, ya les van a echar su maíz!* (1963) y *Te juro Juana, que tengo ganas* (1965).
3. **Calderón de la Barca** (1600–1681) y **Lope de Vega** (1562–1635): figuras cumbres del Siglo de Oro de la literatura española.

tendencia, mezcla de realismo y fantasía, emplea el autor elementos simbólicos, surrealistas, y poéticamente imaginativos. Aquí encontramos las obras que se podrían considerar universales, en el sentido que no están atadas a ningún período específico de tiempo, y las cuales nos muestran al hombre en la confrontación de su propio ser.

En sus dramas realistas, Carballido examina las costumbres, los derechos y prejuicios del individuo, y la responsabilidad que éste tiene hacia sí mismo y hacia los que lo rodean. En su comedia *Rosalba*, el autor enfoca y discute ciertas condiciones sociales de provincia y el efecto que éstas ocasionan en sus personajes. En *Felicidad*, cuyo medio ambiente es la ciudad, nos ofrece una mayor exploración de carácter al desarrollar la personalidad de Mario, un maestro prematuramente viejo, cuyo ciego egotismo lo hace caer víctima de su propio egoísmo. *La danza que sueña la tortuga* es otro enfoque de las costumbres y tradiciones provincianas. Los personajes no son estereotipos, como en *Rosalba*, sino hombres y mujeres de una complejidad real y verosímil. En *Las estatuas de marfil*, Carballido concentra su atención en un personaje femenino, Sabina. En este drama, ella asume un papel, el cual presenta como realidad ante el mundo y que, al mismo tiempo, niega su propia necesidad como individuo. Vemos aquí el eterno problema entre la obligación hacia otros y la realización de la propia personalidad.

Hay dos dramas en los cuales Carballido critica acremente a las fuerzas organizadas, instituciones que oprimen al individuo. *Un pequeño día de ira*—publicada en Cuba en 1962, donde se le concedió el premio de la Casa de las Américas—es una obra que tiene un mensaje, la protesta sobre las desigualdades y el atropello de los derechos del individuo. En ella, Emilio expresa esa clara y sincera conciencia social que vemos en otras de sus obras, pero es tan explícito que el sentido artístico de la obra sufre. Esto se debe, tal vez, a que siendo Carballido un hombre sensitivo a las desigualdades sociales de su medio, es un artista ante todo.

En *¡Silencio, pollos pelones, ya les van a echar su maíz!*, otra de sus obras de crítica social y política, triunfa el artista. Este drama es una sátira escrita deliberadamente para enfocar las Instituciones políticas y sociales que tienen necesidad de reforma. El humor caústico del autor no respeta nada: elecciones, políticos, instituciones de beneficencia, la muerte, la caridad, el luto. La diferencia con *Un pequeño día de ira* estriba en que aquí vemos a Carballido creando un drama que, satirizando a las Instituciones que oprimen y abusan del individuo, sin embargo, evita el envolvimiento propio, y va más allá, ofreciéndonos caracterizaciones perspicaces, haciendo uso de coros acompañados de guitarras, construyendo historias paralelas y encajadas dentro de otras por medio de "flashbacks." Todo esto lo ejecuta Emilio de una manera continua sin estructura de actos sino dependiendo en efectos de luz y comentarios de los actores para introducir nuevas escenas. Según las direcciones de escena del autor, no debe de haber improvisaciones intempestivas sobre el tablado. Ciertamente esta obra demanda gran imaginación de parte del coreógrafo. Vemos aquí unidos los talentos de Carballido, como dramaturgo y artífice, en lo mejor de su expresión artística.

Tal vez lo más valioso de la producción de Emilio lo encontramos en los dramas en que vemos la unión del realismo y la fantasía. *La hebra de oro*, dividido en tres jornadas, es una fusión de la realidad con el mundo de los sueños. Aquí el efecto es más importante que la caracterización. El medio ambiente es provinciano; sin embargo, los diversos planos de la realidad, vista de distintos ángulos, las situaciones resultantes, la danza, la música, el movimiento—es decir, los efectos—hacen de este drama una obra imaginativa y experimental. Notamos en esta obra un esfuerzo consciente del autor para explorar el mundo onírico.

El día que se soltaron los leones es tal vez la mejor de sus obras experimentales. En ella, el dramaturgo combina realismo y surrealismo por medio de una técnica muy imaginativa: la combinación de mímica, de música, del teatro Noh japonés[4]—del cual Carballido es un admirador—y de los cuentos y fábulas infantiles con sus personificaciones de animales. Por lo absurdo de algunas situaciones y diálogos, por la catarsis que este drama ofrece a sus audiencias, nos recuerda el teatro de Ionesco.[5]

La génesis de *El relojero de Córdoba*, obra en dos jornadas, fue inspirada, según Carballido, en un cuento chino. La recreación del autor tiene como marco una población del México colonial; sin embargo, el sabor oriental de cuento popular, la sabiduría salomónica personificada en Don Leandro, el juez, el aura de irrealidad que permea en la obra, dan a este drama su carácter de mito. En la persona de Martín—que

4. **el teatro Noh:** una forma de arte escénico japonés caracterizada por el uso de máscaras, de baile, y de canciones con acompañamiento de música. El Noh nació hace unos seiscientos años.
5. **Ionesco:** dramaturgo francés contemporáneo.

después de inventar la historia de un asalto y crimen, se encuentra, para su sorpresa, viviendo la realidad de su propia invención—vemos otra vez esa mezcla de realidad e ilusión que es una de las características peculiares del teatro de Carballido.

Esbozando algunas consideraciones generales sobre la obra dramática de nuestro autor, vemos que Emilio enfoca sus temas, dentro del contexto de México y de la personalidad del mexicano, en la crítica social—de instituciones establecidas que oprimen y atacan al individuo —y en la responsabilidad del individuo mismo de buscar y encontrar su propia identidad. Por el primer camino, enfrenta y defiende los derechos individuales contra las organizaciones políticas y sociales, contra los prejuicios, y contra las costumbres fuera de época. Por el otro camino, confronta al individuo a sí mismo (por medio de preguntas psicológicas y metafísicas) para tratar de definir sus derechos y responsabilidades como ser humano. Este aspecto, creemos, le da el carácter de universal a su obra.

Carballido emplea todos los resortes y artificios teatrales; tiene un concepto universal del teatro. Usa la música, la danza, el rito, la mímica, tanto como la palabra, con el propósito principal de comunicarse con su audiencia. El humor es un elemento esencial en su obra dramática. A veces es fino, otras punzante. Su sátira no respeta Instituciones ni individuos; ni los mitos se salvan de su humor: las organizaciones gubernamentales y sociales, los gobernantes, los trabajadores sociales, los políticos, los periodistas, los policías, los artistas, los poetas, los héroes, los dioses. Nada escapa a su crítica a veces incisiva pero siempre ingeniosa. Por medio del humor, Carballido puede expresar muchos conceptos que en otro tono se tomarían como ideas de propaganda o de didáctica. Ciertamente el humor es una fuerza catalítica en la obra de nuestro autor.

Emilio Carballido nunca abandona el marco y la presencia de lo nacional, especialmente cuando su arte refleja la preocupación honesta que siente por su país y por las condiciones sociales y políticas de su gente. Ejemplo de esto lo encontramos en obras como *Rosalba, Un pequeño día de ira, ¡Silencio, pollos pelones,...!* Emilio, sin embargo, transciende su propia tradición y adoptando en sus temas conceptos universales, nos presenta una crítica social más sutil enfocada en el individuo, en el propósito y justificación de su existencia, en la eterna búsqueda de su propio ser. Esto lo vemos en obras como *El relojero de*

Córdoba, Medusa, El día que se soltaron los leones, Las estatuas de marfil. Esta dirección dramática, creemos, es la que da a Carballido el lugar privilegiado que ocupa en las letras mexicanas y en el teatro hispanoamericano contemporáneo, y también es la que da su calidad de líder del teatro de vanguardia en México.

Medusa y el mito en el teatro contemporáneo

En el teatro occidental del siglo veinte, vuelve a florecer el uso de la mitología. El propósito de los dramaturgos, por lo general, es dar una nueva interpretación a los mitos para expresar sus preocupaciones éticas, estéticas, y metafísicas.

Jean Cocteau,[6] por ejemplo, toma a sus personajes mitológicos en una época de su vida anterior a la que más conocemos. En *La Machine infernale* (1934), inspirada en la historia de Edipo,[7] el drama se inicia antes que el héroe mate a su padre y se haya casado con su madre. Hay numerosos avisos en la acción que pueden permitirle a Edipo evitar la catástrofe. No vemos aquí ya la fatalidad inexorable de los dioses antiguos. La misma Esfinge,[8] que además de ser un monstruo es una muchacha, trata de alejar a Edipo de su destino; sin embargo, el orgullo de éste es demasiado grande para renunciar a ser el rey de Tebas.[9] Así, el protagonista entra poco a poco en su propia leyenda, y la trama del último acto se modela sobre el *Edipo rey* de Sofocles.[10] Una gran variedad de anacronismos voluntarios añade un toque humorístico a la modernización del mito: el Tebas de Cocteau tiene centros nocturnos donde se oye música de jazz, como en la *Medusa* de Carballido aparece un esclavo negro que toca la guitarra y canta un corrido mexicano.

Eugene O'Neill[11] concibe el mito ante todo como una historia.

6. **Jean Cocteau** (1889–1963): escritor francés de poesía, novela, y drama. Fue también actor y productor cinematográfico.
7. **Edipo:** hijo de Layo, rey de Tebas, y de Yocasta. Sin saberlo, asesina a su propio padre y se casa con su madre, después de haber destruído a la Esfinge y haber ascendido al trono de Tebas, cumpliendo así fatalmente los designios del oráculo.
8. **la Esfinge:** monstruo que preguntaba un acertijo a sus víctimas y luego las devoraba.
9. **Tebas:** capital de Beocia en la Grecia antigua.
10. **Sofocles** (496–406 a. de J. C.): poeta trágico griego.
11. **Eugene O'Neill** (1888–1953): dramaturgo norteamericano.

Establece correspondencias entre su trama, como en el caso de su famosa trilogía *Mourning Becomes Electra* (1931), y la acción del drama griego, la *Orestíada* de Esquilo.[12] Para O'Neill, Dios es una creencia que el hombre tuvo y perdió, por lo cual es inconsolable. Al dramatizar el mito de Orestes,[13] le quita lo sobrenatural, pero al mismo tiempo, comunica a su drama psicológico moderno un sentido de fatalidad inescapable. El fondo de la obra es el conflicto entre el amor y el odio en el seno de una familia de la Nueva Inglaterra en tiempos de la Guerra Civil. O'Neill reconcilia el mito con el realismo utilizando la motivación psicológica; no obstante, el mundo que nos presenta es controlado enteramente por la inmemorial religión de los muertos, la más antigua forma de veneración de los hombres. O'Neill lleva el sentido de fatalidad como venganza hasta tal extremo que la muerte se revela preferible a una vida de horror continuo. En este sentido, la fatalidad es más débil en la obra de Esquilo, especialmente en *Las Eumenides*,[14] porque aquí los dioses aparecen al fin para vencer a las Furias.

Tennessee Williams[15] toma temas mitológicos, como el de Orfeo[16] y Eurídice en *Orpheus Descending* (1957) y les traslada al medio ambiente contemporáneo del Sur de los Estados Unidos. En un marco realista, sus protagonistas, por medio de alusiones constantes a símbolos paganos y cristianos, sirven un propósito simbólico. Su Orfeo es Val, un artista que toca la guitarra, canta canciones folklóricas, luce su sensualidad, y entra como empleado en la tienda de Lady. Ella es una mujer muy infeliz que ha fracasado en su matrimonio y ha perdido el gusto por la vida. El amor que esta Eurídice moderna siente por Val, y sobre todo por el hijo que espera de él, la resucita a la vida. Cuando el marido descubre la situación, la mata y luego echa a Val la culpa del crimen, acusándolo también de haber tenido la intención de robar la tienda. Val encuentra la muerte a manos de la gente del pueblo. Tennessee Williams demuestra que su héroe pasivo, quien al principio había rechazado sus

12. **Esquilo** (525–426 a. de J. C.): poeta trágico griego.
13. **Orestes:** hijo de Agamemnon y de Clitemnestra. Ayudado por su hermana Electra, mata a su madre y a Egisto, amante de ésta, para vengar la muerte de su padre.
14. **Las Eumenides:** nombre que era dado a tres espíritus vengadores, llamados también Furias.
15. **Tennessee Williams:** dramaturgo norteamericano contemporáneo.
16. **Orfeo:** el músico más famoso de la Antigüedad. Bajó a los Infiernos en busca de su esposa Eurídice.

obligaciones hacia Lady, tiene por fin que hacer un escogimiento trágico que niega, a nombre del amor, la doctrina de libertad artística y sexual que él se había trazado en la vida.

Tal vez la transformación más completa de un mito se encuentra en *Les mouches* (1943) de Jean-Paul Sartre.[17] El dramaturgo francés trata la tragedia de Orestes con gran novedad, girando en torno al punto principal de su filosofía: el de la libertad. Orestes es visto como un héroe activo, responsable y con sentido de individualidad. Esto va en contradicción total con el carácter pasivo del héroe mitológico, derivado de la noción de destino y fatalidad que preside la tragedia griega. En los dramas de Esquilo y Eurípides,[18] Orestes culpa a Apolo[19] por haber dado muerte a su madre. El Orestes de Sartre es muy distinto. Al principio, ha sido su hermana Electra, feroz de venganza, quien le ha empujado a cometer el crimen; pero una vez que lo ha cometido, acepta su responsabilidad. En vano, Júpiter[20] pretende que se arrepienta Orestes y recobre su lugar en la gran armonía de la Naturaleza. La respuesta de Orestes es completamente opuesta al ideal mitológico: «¡Yo soy mi libertad! En cuanto me has creado, he dejado de pertenecerte». El pensamiento con el cual Sartre nos confronta a través del mito es el de la libertad del individuo en conflicto con la opresión. Bien podemos entender el mensaje de esta drama que Sartre presentó en París durante la ocupación de los Nazis. Gracias a la mitología, el drama trasciende al tiempo para encarnar en toda forma de conflicto entre la libertad y la opresión.

Por medio de los ejemplos citados, podemos ver las innumerables posibilidades artísticas que los escritores contemporáneos extraen de los mitos.

Emilio Carballido es otro de los dramaturgos del teatro actual que ha sabido encaminar el mito hacia el realismo, la psicología, y el humor. En *Medusa*, el texto de esta edición, nuestro autor parte de una leyenda para crear la estructura de su obra. En el mito griego, Perseo, hijo de Zeus y Dánae, es echado al mar juntamente con su madre, por Acrisio,

---

17. **Jean-Paul Sartre:** figura máxima del existencialismo francés.
18. **Eurípides** (480–406 a. de J. C.): dramaturgo griego, autor de *Electra* y de otras tragedias.
19. **Apolo:** dios griego y romano de los oráculos, de la medicina, de la poesía, de las artes, del día, y del sol.
20. **Júpiter:** padre de los dioses entre los Romanos. Corresponde al Zeus griego.

rey de Argos y padre de Dánae. Acrisio teme al oráculo que le anuncia la muerte a manos de su nieto. Un honesto y humilde pescador salva a Dánae y a su pequeño hijo y los lleva con Polidecto, rey de Serifos, quien les brinda asilo en su corte. Con el tiempo, Polidecto trata de seducir a Dánae y considerando a Perseo, ahora en plena juventud, como un obstáculo para lograr sus propósitos, lo envía en la misión de cortar la cabeza a una de las Gorgonas, Medusa. Ella, juntamente con sus hermanas, Esteno y Euríale, tiene el maléfico poder de convertir en piedra a todo aquel que las mire de frente. Con la ayuda de Hermes,[21] que le proporciona una espada, y de Atenea, que le da un espejo para que no mire de frente a Medusa, Perseo cumple su misión. En su retorno, salva a Andrómeda que está lista para ser sacrificada por un monstruo marino, y se casa con ella. Después, Perseo hace uso de la cabeza de Medusa, que conserva sus mismos poderes, y convierte en piedra a Polidecto y amigos que perseguían a su madre. No queriendo usar más la cabeza de Medusa, la da a Atenea quien la pone en su armadura de pecho.

Más tarde, Perseo, participando en unos juegos públicos en honor a los funerales del rey de Larissa,[22] mata accidentalmente, lanzando el disco, a su abuelo Acrisio, cumpliendo así fatalmente, como siempre ocurre en los personajes griegos de leyenda, los decretos del oráculo.

Carballido en su *Medusa* cambia los motivos y actitudes de sus personajes para ofrecernos una singular recreación del mito griego, y un ejemplo patético, en Perseo, del hombre contemporáneo que, tratando de guiar su propio destino, es traicionado por su frágil condición humana.

Esta angustiada expresión dramática del hombre moderno en obras que, como *Medusa*, contienen rasgos indudablemente universales y eternos, sin dejar de conservar un sabor nacional, es lo que da la vitalidad y ese carácter tan individual al teatro de Emilio Carballido.

21. **Hermes:** hijo de Júpiter; mensajero de los dioses.
22. **Larissa:** ciudad griega de Tesalia.

Bibliografía crítica

Anuario del cuento mexicano, 1959. México: Instituto Nacional de Bellas Artes, 1960.

Carballo, Emmanuel, *El cuento mexicano del siglo XX.* México: Empresas Editoriales, 1964.

Catálogo de teatro mexicano contemporáneo. México: INBA, 1960.

Concurso nacional de teatro; obras premiadas 1954-1955. México: INBA, 1955.

Jones, Willis Knapp, *Breve historia del teatro latinoamericano.* México: Ediciones de Andrea, 1956.

Lamb, Ruth S., *Bibliografía del teatro mexicano del siglo XX.* México: Ediciones de Andrea, 1962.

Magaña Esquivel, Antonio, *Medio siglo de teatro mexicano, 1900-1961.* México: INBA, 1964.

———— y Lamb, Ruth S., *Breve historia del teatro mexicano.* México: Ediciones de Andrea, 1958.

Ocampo de Gómez, Aurora Maura, *Literatura mexicana contemporánea.* México: Edición privada, 1965.

Olavarria y Ferrari, Enrique de, *Reseña histórica del teatro en México,* 5 vols. México: Editorial Porrúa, 1961.

Peden, Margaret, "Emilio Carballido, Dramatic Author: His Work from 1948-1966." Tesis doctoral, Universidad de Missouri, 1966.[23]

Solórzano, Carlos, *Teatro latinoamericano del siglo XX.* Buenos Aires: Nueva Visión, 1961.

Teatro mexicano, 1963. México: Aguilar, 1965.

---

23. En esta tesis, se encuentra una bibliografía completa de la obra publicada por nuestro autor.

Emilio Carballido

~~~ MEDUSA ~~~

OBRA EN CINCO ACTOS

A José Cava

Déjame así, de estatua de mí mismo,
la cabeza que no corté,
en la mano, la espada sin honor....

GILBERTO OWEN

La Primera

Resulta más molesto a la hora de los afeites.[4] Es casi imposible pintarla con tanto lagrimón[5] corriéndole por la cara. Ayer quedó como payaso, con rayas negras y rojas. Me dio risa, se vio, quiso mandar azotarme. Luego se le olvidó, pero tuve que empezar otra vez.

La Segunda

Claro, qué lata.[6] ¿Y qué le pasa? ¿Quiere otra lluvia de oro?

La Primera

A estas alturas se conformaría con un chorrito.

(*Se ríen. Solloza Dánae.*)

La Segunda

Pobre.

La Primera

Porque no la has consecuentado tú. Ya verás.

Dánae

¿Quién está allí? Hermia. Hermia, ¿eres tú?

La Primera

Diga la señora.

---

4. **los afeites:** los cosméticos.
5. **lagrimón:** (*pop.*).
6. **qué lata** (*pop.*): qué fastidio.

DÁNAE

¿Qué horas son?

HERMIA

Más de las diez, señora.

DÁNAE   5

¿Está muy gris el día?

HERMIA

Está radiante y frío.

DÁNAE

Ay. Me son más afines los días de lluvia.   10

(*Las dos contienen la risa a duras penas.*)[7]

DÁNAE

Descorre las cortinas.

(*Hermia lo hace. Es, en efecto, un radiante día de invierno. Afuera hay una terraza de mármol que mira al mar.*)   15

DÁNAE

¿Y los músicos?

(*Hermia da dos palmadas. Aparecen músicos negros en la terraza.*)

---

7. **a duras penas:** con dificultad.

DÁNAE

Que toquen algo muy triste.

(*Los músicos tocan.*)

DÁNAE

5   (*Suspira.*) Ayúdame. (*La obedecen.*) ¿Quién eres tú?

LA SEGUNDA

Soy Alejandra, señora.

DÁNAE

No te conocía. Sabrás quién soy, ¿no?

10   ALEJANDRA

Seguramente, señora. ¿Quién no lo sabe?

DÁNAE

Está bien. Condúzcanme al baño.

(*Entre las dos la llevan. Salen. Como si no esperaran otra cosa, los*
15   *músicos dejan de tocar, se asoman al interior y hacen muecas a las espal-*
das de Dánae. Llaman a la puerta y ellos corren a su sitio. Entra Alejandra,
abre: es un hombre barbado que viste a la persa.)

2

EL PERSA

¿Ya está despierta?

ALEJANDRA

¿La señora? Está bañándose.

EL PERSA

¿Ya cesó de llorar?

ALEJANDRA   5

Por ahora, pero puede empezar de nuevo en cualquier momento.

EL PERSA

He tratado de verla desde antier.

ALEJANDRA

¿Para qué?   10

EL PERSA

Tú eres nueva. ¿Y Hermia?

ALEJANDRA

Está con ella. ¿Qué quiere usted?

EL PERSA   15

(*Pasando.*) Conque eres nueva en el servicio. ¿Y Caya?

ALEJANDRA

No la conocí.

EL PERSA

Hace un año estaba en lugar tuyo. ¿La despedirían?   20

ALEJANDRA

Quién sabe.

EL PERSA

Pues entonces, este regalo es para ti.

5   (*Le da una perla en una cadena.*)

ALEJANDRA

¡Ay, qué linda! ¿Para mí?

(*El se la pone al cuello. Como ella se abandona demasiado, él la rechaza.*)

10   EL PERSA

No se trata de eso... ¿Cómo te llamas?

ALEJANDRA

Alejandra.

EL PERSA

15   Alejandra. Se trata de lo siguiente. ¿No te ha explicado Hermia?

ALEJANDRA

No.

EL PERSA

Yo, como embajador de Persia, tengo un gran interés en finalizar
20   una alianza comercial entre tu pueblo y el mío. He presentado mis

respetos al señor rey, Polidecto (*saluda*), pero me interesa (*sonríe*), me complace presentar mis rendidos saludos[8] a tu señora, Dánae. ¿Podré verla?

ALEJANDRA

Ah, ya entiendo. (*Ve la perla.*)   5

EL PERSA

Eres muy lista, muchacha, muy lista.

(*Deja deslizar una mano a las nalgas de ella, que le da un manazo.*)[9]

ALEJANDRA

No se trata de eso. (*Lo ve.*) ¿Y cuáles son los respetos?   10

(*El persa, como un mago, hace aparecer una caja de oro.*)

EL PERSA

Estos.

(*La abre: está llena de joyas. Alejandra silba, de admiración.*)

VOZ DE HERMIA   15

(*Fuera.*) Alejandra, ¿qué esperas? Trae la caja de los afeites.

ALEJANDRA

Ya voy. (*Va al tocador.*) ¿Cuál de todas? Hay muchas.

8. **rendidos saludos:** sumiso homenaje.
9. **manazo** (*pop.*): manotada.

3

HERMIA

(*Entrando.*) Tonta, si no te apuras puede volver a llorar. Ah, usted.

EL PERSA

Sí, yo.

5 HERMIA

Pues hoy tampoco va a poder verla.

EL PERSA

Si ya no llora.

HERMIA

10 Pero está deprimida. ¿Qué le trajo?

EL PERSA

Esto.

HERMIA

Démelo y váyase.

15 EL PERSA

Hay un pergamino aquí, explicando todo....

HERMIA

(*Le arrebata la caja.*) Ya sabemos.

EL PERSA

¿Intercederá con el rey?

HERMIA

Claro, lo hará, aunque sea para sentirse importante.

EL PERSA   5

¿Tú te encargarás de...?

HERMIA

Ya sabe que yo me encargo de todo.

EL PERSA

Eres un encanto. (*Le da una perla.*)   10

HERMIA

(*La examina, la muerde.*) Mmh...

EL PERSA

¡Es buena!

HERMIA   15

Lo mismo daría que fuera falsa. Tan chiquita.[10]

(*El persa se ríe a carcajadas. Se quita un anillo y se lo da.*)

---

10. **chiquita:** El diminutivo «ito» es común en el habla popular de México, aun en casos cuando el significado no lo requiere. Téngase esto en cuenta al encontrar otros diminutivos a través del drama.

HERMIA

Mucho mejor. Váyase ahora.

(*El persa trata de apretarle los senos.*)

HERMIA

5   ¡Váyase!

(*Lo empuja. El le aprieta un muslo al salir, riéndose.*)

4

HERMIA

Hay que tratarlos así, o parece que les nacen manos por todas
partes. (*Abre la caja, silba.*) Estos orientales son desmedidos en todo,
10   por eso no me gustan en las orgías. (*Se guarda algunas joyas en el seno,
invita a Alejandra con el ademán.*) Toma.

ALEJANDRA

Pero... ¿podemos?

HERMIA

15   Claro que podemos.

ALEJANDRA

(*Se guarda las joyas vorazmente.*) ¿Siempre ha sido así?

HERMIA

Desde que estoy con ella, siempre.

ALEJANDRA

¿Y cómo se fue esa tonta de Caya?

HERMIA

(*Deteniéndola*.) Ya, ya. No tomes demasiadas en una sola vez. A Caya se la llevó un embajador de no sé dónde. 5

ALEJANDRA

20 (*Se sienta en la cama; suspira*.) ¿Pero cómo es posible que alguien se interese en sobornar a esta extranjera necia? (*Empieza a comerse una fruta*.)

HERMIA 10

Tú sabes cómo está el rey por ella.

ALEJANDRA

Ay, sí, ¿verdad?

HERMIA

Le dedica horas, diariamente. Le consulta todo, la mima, la 15 agasaja... ay, es un asco. Habiendo tantas jóvenes y bonitas...

ALEJANDRA

Es su querida desde antes que yo naciera.

HERMIA

¡Ni siquiera! Los he espiado miles de veces. 20

ALEJANDRA

¡Cómo! ¿Y nada de nada?

HERMIA

Lo más que hace, besarle las uñas, así. Yo no sé qué le ve.

ALEJANDRA

Deja tú. (*Señala el techo.*) ¿Qué puede haberle visto...? Ya sabes.

5   HERMIA

¿Tú crees que sea cierto?

ALEJANDRA

Eso dicen.

HERMIA

10   Ella dice. En fin... los gustos de los dioses son muy raros.

ALEJANDRA

Perseo es muy guapo.

HERMIA

No tanto para ser hijo de... (*Señala al techo.*) de Zeus.[11] (*Se*
15   *persigna a la griega.*) Yo vi pasar a Helena[12] cuando la llevaban a su
casa. ¡Esa sí! Se le ve que es hija de dios. Pero Perseo...

ALEJANDRA

No creas. Un día lo vi bañandose. Mmmh...

---

11. **Zeus** (*mit.*): dios principal de los Griegos, identificado con el Júpiter de los
Romanos.
12. **Helena** (*mit.*): princesa griega célebre por su belleza. Fue raptada por París y
provocó la guerra de Troya.

HERMIA

Sí, claro, es la primera impresión. Además, ese muchacho es muy... rarito.[13] Así medio...

ALEJANDRA

¡No!   5

HERMIA

Le huye a las esclavas y se pasa la noche con las sirenas.

ALEJANDRA

¡No! ¿Con esos animales?

HERMIA   10

Con ésos. Yo no aguanto como chillan, pero a él le encanta. ¡Les acaricia las plumas! Yo lo he visto.

ALEJANDRA

Ay, qué asco.

VOZ DE DÁNAE   15

¡Hermia, Alejandra!

HERMIA

(*Se ríe.*) La dejé metida en la tina y con el pelo en el secador.

13. **rarito:** expresión usada cuando se duda de la virilidad de un hombre.

ALEJANDRA

Se va a enojar.

HERMIA

(*Se encoge de hombros.*) Ah. (*Alto.*) Allá vamos, señora.

5   (*Toma todos los estuches de afeites y la caja del persa. Los músicos han estado tirados al sol, rascándose.*)

HERMIA

(*Saliendo.*) ¿Qué esperan? Toquen.

(*Salen Alejandra y ella. Los músicos se levantan de mala gana.[14]*
10   *Tocan.*)

5

Saltando la balaustrada, entra Perseo. Mira el mar; entra en la habitación.

PERSEO

Madre. Madre.

15   VOZ DE DÁNAE

(*Fuera.*) Pasa, queridísimo. Ya voy.

PERSEO

No hay viento y el mar está terso y opaco, tan inmóvil que pueden

---

14. **de mala gana:** sin mucho ánimo.

verse las rayas que han dejado marcadas tres barcos. Y de los barcos mismos, ya sólo queda un punto rojo cerca del horizonte: tres grietas en un vidrio y un geranio flotando.

Voz de Dánae

Habla más fuerte porque no te oigo.   5

Perseo

Cerca del faro hay una gruta con la entrada tan baja, que toda la luz pasa encharcándose. Ves la arena del fondo pero no ves el techo ni el fondo de la gruta. Flotas como en el aire. ¿Quieres verla?

Voz de Dánae   10

Pues... no sé. Espérame.

Perseo

Puedo llevarte. Hoy tengo ganas de remar.

Voz de Dánae

No, Perseo. El aire del mar es malo para el cutis.   15

(*Ruido de alas. La sombra de grandes aves cruza la terraza. Perseo se asoma y hace un saludo al cielo. Los músicos chillan y escapan, dejando los instrumentos tirados. Perseo se ríe con fuerza de ellos. Llaman a la puerta. El abre y entra Polidecto.*)

6

Polidecto   20

Muchacho, buenos días.

PERSEO

Buenos días, señor.

POLIDECTO

¿Ya cesó de llorar tu madre?

5   **PERSEO**

Parece que ya.

POLIDECTO

Ojalá. Llora demasiado y eso no es bueno para la vista. (*A la puerta del baño.*) Dánae.

10   **VOZ DE DÁNAE**

Sí, ¿quién es?

POLIDECTO

Soy yo.

VOZ DE DÁNAE

15   Polidecto, buenos días.

POLIDECTO

Buenos días, Dánae.

VOZ DE DÁNAE

Le suplico que me espere. Estaré lista en un momento.

POLIDECTO

Un momento. Vas a ver qué momento. (*Voltea un reloj de arena.*)
Vamos a medirlo. No te enojes, todas son iguales en estas minucias.
¿Por dónde has entrado?

PERSEO   5

Por la terraza.

POLIDECTO

¿Sí? (*Se asoma.*) No es posible. Los espías de la puerta de servicio
no te vieron. Tendré que decapitarlos.

PERSEO   10

Subí por el cantil.

POLIDECTO

¿Por el cantil? (*Se asoma.*) Es una estupidez, y perdona que la
llame por su nombre. (*Viendo hacia abajo.*) Nunca me imaginé que se
pudiera. Tendré que sembrarlo de cardos. No vuelvas a hacerlo. He   15
gastado demasiado en educarte. Además, ya sabes lo que la gente diría:
basta que no asesines a alguien para que te culpen de su muerte. ¡Zeus,
Zeus! Perdona si miento a tu padre, es un decir. Me harás favor de no
volver a hacerlo.

PERSEO   20

(*Rojo.*) Señor, yo sé lo que hago.

POLIDECTO

Todos los niños creen saber lo que hacen.

PERSEO

No soy ningún niño. Hoy cumplo veintiún años.

POLIDECTO

Estás furioso, ¿no? Bueno. Yo lo digo por tu bien. Casi te veo
5   como un hijo. Además, piensa en mi responsabilidad ante... (*ve al
cielo*) ante tus parientes.

PERSEO

Por favor, no empiece tan temprano con... mis parientes.

POLIDECTO

10   Dejemos el peligro: piensa en mi situación ante el palacio. O infor-
mo yo, a los espías, por donde entraste, o les corto la cabeza.

PERSEO

¡Lo que no soporto son sus espías!

POLIDECTO

15   No los tengo para ti, sino para tu madre.

PERSEO

¿Con qué derecho?

POLIDECTO

No hacen falta derechos para espiar. Es una defensa que debías
20   agradecer, pues garantiza que nadie, ni yo mismo, se quede a dormir
con ella.

PERSEO

Mamá no necesita defensas de esa clase.

POLIDECTO

El pueblo las pide.

PERSEO   5

¿Desde cuándo le hace usted caso al pueblo?

POLIDECTO

Cuando un gobernante dice «el pueblo», quiere decir en general
«yo mismo». Si tu madre accediera a casarse conmigo, todo sería diferente. Mira (*el reloj*), ¿qué te dije? (*Al baño.*) ¡Dánae!   10

VOZ DE DÁNAE

Ya voy, Polidecto.

POLIDECTO

Me esperan en el Consejo. (*Dulcemente.*) Sabe usted bien que no
puedo hacer nada en el día si no la he visto antes.   15

VOZ DE DÁNAE

Pues entonces, espéreme.

(*Suenan las alas nuevamente. Cruzan las sombras por la terraza y
mar adentro empieza el canto. Perseo saluda al cielo.*)

POLIDECTO   20

¿Qué fue eso?

PERSEO

Las sirenas. Vuelan sobre palacio para avisarme que se van.

POLIDECTO

¿Se van? Me alegro. No supe que estaban aquí, si no las habría
5 expulsado.

PERSEO

¿Por qué?

POLIDECTO

Se me han hundido tres barcos mercantes por su culpa. Es una lata
10 buscar marinos sordos, y los demás se niegan a repletarse con cera los
oídos.

PERSEO

Conmigo son muy buenas. Anoche nos despedimos en la playa;
hicimos una hoguera con pedazos de barco, estuvimos cantando. Tocan
15 muy bien el caracol, y están enseñándome, pero sólo puedo sacar soni-
dos muy agudos. (*Grita.*) ¡Adiós, adiós!

POLIDECTO

No sé hasta dónde llegue tu... intimidad con las sirenas, pero te
advierto que esos animales no son limpios. Aquí en palacio hay esclavos
20 a los que puedes preguntar...

PERSEO

¡Por favor! Las sirenas son mis amigas, nada más. Y no son animales. Nos tenemos cariño, eso es todo.

(*Ellas siguen cantando, alejándose.*)

PERSEO

Ojalá me hubiera ido con ellas. Me invitaban. Habían tejido una canasta para llevarla en las garras, conmigo adentro.

(*Se oye una carcajada en la puerta del baño: es Dánae.*)

7

DÁNAE 5

Queridísimo, que cosa más ridícula. Ay, es que me... (*la risa la ahoga*) me imagino verte colgado de las patas de esos pajarracos, metidito en tu canasta...

PERSEO

No veo lo ridículo. Elevarse, por encima del mar... 10

DÁNAE

Pobrecito. (*Lo acaricia, riendo aún. Lo besa.*) Es un niño, ¿verdad? Hijito, qué bueno que me hiciste reír.

PERSEO

Hoy cumplo veintiún años, por si no lo recuerdas. 15

DÁNAE

¿Hoy? ¿Qué día es hoy?

POLIDECTO

El sexto, en la segunda década de Poseidón.[15]

15. **Poseidón** (*mit.*): dios griego del Mar, que corresponde al Neptuno de los Romanos.

DÁNAE

¡Queridísimo! ¡Hoy es su cumpleaños! (*Lo abraza y lo besa.*) Habrá que hacerte una fiesta, buscarte novia, todo, ¿verdad?

POLIDECTO

5   Ya lo había pensado. Voy a dar órdenes.

PERSEO

Saben que no me gustan las fiestas. Si de veras desean complacerme, le ruego que no dé ninguna orden.

DÁNAE

10   Pero tengo que hacerte un regalo. Deja ver qué hay aquí. (*Trae en las manos la cajita del persa. La abre.*) Joyas. Qué bonitas. A ver. Collares, argollas... estos anillos, tal vez... No, son demasiado femeninos. No hay nada propio para ti.

(*Con una llave que trae al cuello, abre un gran arcón: está repleto de 20
15   joyas y oro. Allí vuelca la cajita.*)

DÁNAE

Estos orientales son tan gentiles. Siempre me traen joyas y cosas así. (*Lee el pergamino.*) Ay, yo no entiendo esto. Es algo de un tratado o no sé qué. (*Lo arruga y lo tira.*) Ya voy a necesitar otro arcón. Guardo
20   todo esto como reserva, nunca sabe uno lo que puede pasarle a dos pobres desterrados, como somos tú y yo. Quién sabe, hijo, quién sabe.

(*Suspira.*)

POLIDECTO

Habla usted por hablar. Llevan veintiún años de ser mis huéspedes. ¿Cree que a estas alturas[16] voy a echarlos?

DÁNAE

Ay, perdone. Se me olvidó que estaba aquí. (*Cierra el arcón y se levanta.*) Pero es la verdad. Un día se muere usted y a Perseo y a mí nos expulsan del palacio. No, no proteste, nadie es inmortal. Si acaso, tal vez Perseo llegue a serlo. A mí no me dejaría nunca la envidiosa de Hera.[17]

PERSEO

Espero no ser inmortal, ni porquerías[18] así. Quiero ser héroe, y ya.

DÁNAE

Perseo, no seas grosero. Estás enojado porque me reí de tu historia con las sirenas. Es bueno ser héroe, pero es mejor ser inmortal. Imagínate si tu padre te encargara algún trabajo lindo, como guiar el sol, o...

PERSEO

De eso se encarga Febo,[19] y bastante bien. Bonita rutina, sacar la bola de fuego a pasear, día tras día, como perrero. No, madre. Quiero ser héroe, pero en Serifos no hay monstruos, ni guerras, ni nada. ¡Bailes, comercio, fiestas! Quiero embarcarme, viajar...

16. **a estas alturas**: después de tanto tiempo.
17. **Hera** (*mit.*): diosa griega del Matrimonio, esposa de Zeus, la Juno de los Romanos.
18. **porquerías** (*col.*): cosas de muy poco valor.
19. **Febo** (*mit.*): dios griego de los Oráculos, del Día y del Sol, el Apolo de los Romanos.

DÁNAE

No seas impaciente. Estás muy joven para viajar. ¿Sabes? Tal vez tu padre te mande algún regalo.

(*Entran las dos criadas.*)

5   PERSEO

Espéralo sentada.²⁰ Oye, ¿estás segura de que Zeus es mi padre?

DÁNAE

¡Perseo! (*Se levanta.*) Delante de estas mujeres.

PERSEO

10   Ellas son las primeras en decir cosas así.

DÁNAE

¿Es cierto, Hermia?

HERMIA

Señora, cómo cree usted. ¡Quién le diría eso al joven!

15   DÁNAE

¿Ya ves? Hermia, esta uña está mal pintada. Y tú, cepíllame con suavidad. No digas esas cosas ni de broma. Y menos hoy, que es tu mayoría de edad y tal vez tu padre... ¡Perseo, se me había olvidado! ¡Vas a ser héroe muy pronto!

20. **Espéralo sentada:** No cuentes con ello.

PERSEO

¿Cómo?

DÁNAE

Dentro de poco vas a matar a tu abuelo.

PERSEO   5

(*Se ríe.*) ¿Al tiempo?

DÁNAE

No, por supuesto que no. A mi padre, quiero decir. Me propuse
informarte cuando cumplieras veintiún años y por poco se me olvida.
Mira, la cosa es muy anterior a tu nacimiento. Ya le he contado a   10
Polidecto. ¿Verdad?

POLIDECTO

Sí, Dánae.

DÁNAE

Siéntate aquí, y óyeme. (*A las criadas.*) Sigan, no se interrumpan.   15
Yo era hija única, eso ya lo sabes. Mi padre fue siempre devoto de los
oráculos. En Delfos[21] gastaba el viejo avariento lo que no quería gastar
en mí. Allá le advirtieron que tendría un nieto varón, a manos del cual
moriría. En cuanto regresó, me encerró en palacio, con eunucos cuidán-
dome día y noche. Después, construyó una torre bruñida, tan alta que   20
miraba yo pasar las grandes aves por debajo de mí. Era muy triste.
Nada más él me visitaba, todas las tardes. Me cuidaban dos viejas
hediondas, que cocinaban muy mal. Seis puertas de piedra cerraban

21. **Delfos:** ciudad de la antigua Grecia, al pie del Parnaso, donde tenía un templo
Apolo.

sucesivamente las escaleras. Allí me conoció tu padre. Yo pienso que me vio disfrazado de ave rapaz, porque una gran águila gris pasó volando muchas veces. Después... Ay, después... Primero fue una nube, la nube más divina, erizada de rayos, estruendosa y cegadora. Después
5   el aguacero tibio, de oro líquido,[22] que me ceñía y me penetraba...

POLIDECTO

Una madre no debe contarle esas cosas a su hijo, y una señora no debe decirlas delante de un extraño.

HERMIA

10   Si se estremece así, no puedo pintarle bien las uñas.

DÁNAE

Tú cállate.

POLIDECTO

Salgan de aquí.

15   (*Salen las dos criadas.*)

POLIDECTO

Señora, el prestigio de un rey se apoya en la murmuración de sus siervos. Y no está bien que me vean impasible cuando usted cuenta esas cosas.

20   DÁNAE

Es que así fue, Polidecto.

___

22. **aguacero ... líquido** (*mit.*): Según la leyenda, Zeus visitó a Dánae en su prisión convirtiéndose en una lluvia dorada.

PERSEO

Ya lo sé. Lo has contado muchas veces.

DÁNAE

Lo que estoy contando es lo de tu abuelo. Tu padre me llovió
varias veces. ¡Zeus, dios mío! ¿Cómo una lluvia puede sentirse así?   5
¿Cómo puede una lluvia hacer a una tan... feliz, tan...?

POLIDECTO

Señora, no insista. La amo y me molestan esos detalles.

DÁNAE

Polidecto, no sea vulgar. Son detalles divinos. Yo iba a hablar de   10
tu abuelo. Desconfiaba ya de su torre, porque le habían hablado de la
aventura de Ícaro.[23] Regresó de un viaje y entró de improviso cuando
estabas recién nacido. Las pobres viejas se desmayaron del susto, una
de ellas se orinó. Las mató en seguida. A ti y a mí nos metió en un cajón,
lo claveteó bien y nos tiró al mar.   15

PERSEO

¡Nos tiró al mar!

DÁNAE

¿Pues por qué crees que estamos aquí? ¿De visita?

PERSEO   20

No sé. Pensaba yo que te habrías fugado de tu casa, o que... No
sé. Llegué a pensar que Polidecto sería...

23. **Ícaro** (*mit.*): Huyó del laberinto de Creta con unas alas pegadas con cera.

(*Se interrumpe.*)

POLIDECTO

¿Que yo sería tu padre? No. Desgraciadamente no lo soy. Mi hermano encontró la caja en la playa. La abrió, esperando un tesoro, y los halló a ustedes. Tu madre desmayada, y tú mamando tranquilamente, pegado a su pezón como un gatito.

DÁNAE

Tu padre, o las Nereidas,[24] han de haber intervenido. Yo no recuerdo nada. Solamente mi grito, cuando nos tiraron desde las rocas, y luego, confusamente, la sensación del agua en los oídos...

POLIDECTO

Ahora, cuando mates a Acrisio, tu abuelo, serás el heredero de Argos y te coronarán. Eso también lo dijeron los oráculos. Como ahora no somos aliados de Argos,[25] va a ser muy conveniente que te corones rey.

DÁNAE

Hay que hacer un plan. Podrías embarcarte, disfrazado; llegar allá como un mercader, ver a tu abuelo... Aunque él es muy astuto. ¿Qué piensas hacer?

PERSEO

Mientras de mi dependa, no haré nada por cumplir ningún oráculo.

POLIDECTO

¿Qué estás diciendo?

24. **las Nereidas** (*mit.*): ninfas del Mediterráneo que personifican el juego de las olas.
25. **Argos:** ciudad del Peloponeso, al sur de Grecia.

DÁNAE

Ya entiendo. Eso te honra, Perseo. ¿No ve usted? Se niega a matar a mi padre. No importa, el destino sabrá arreglarlo todo.

PERSEO

Yo no me niego a matar al viejo criminal porque sea tu padre. Es   5
que no es justo. Tú y Polidecto me han traído de preceptor en preceptor. Ya soy mayor de edad: quiero ser libre. Quiero ser héroe. Según el maestro, ya estoy listo para serlo. ¿Y voy a empezar matando ancianos? Lo que yo quiero es... ¡luchar! Guerras, monstruos... Si soy pariente de los dioses, que brote en mí lo divino, que brille. Héroe, bueno: ya   10
es hora de serlo. ¡Matar a tu padre! Manda algún esclavo con veneno, si tantas ganas tienes de verlo muerto.

POLIDECTO

No seas ingenuo, que no sería tan simple. Ese anciano es un buen guerrero. Haríamos una expedición contigo al frente. Por supuesto,   15
un general sería tu asesor. Muerto Acrisio te coronaríamos en Argos y estableceríamos allá un protectorado, para que poco a poco fueras aprendiendo a gobernar.

PERSEO

Naturalmente, esperaba oirlo hablar así.   20

POLIDECTO

Perseo, tú serías libre. Nosotros sólo ayudaríamos económicamente. Compraríamos tus productos, te venderíamos los nuestros... En Argos hay riquezas enormes, bosques de plátano, fuentes naturales de brea...   25

PERSEO

No pienso jugar para usted al tirano de cartón.

DÁNAE

¡Perseo, no seas grosero! Después de lo que Polidecto ha hecho por nosotros...

POLIDECTO

5   No hablemos de eso. Hablemos de lo que no he hecho. No te he obligado a trabajar en nada, sino en tu propia educación. Nunca te he maltratado, aunque merecieras un castigo a veces. No he hecho mi amante a tu madre, aunque ningún trabajo me habría costado. No te he pedido el pago de esto (*señala en derredor*), ni te lo pediré, porque
10   soy así, indiferente a las deudas materiales. Tal vez tú seas indiferente a las deudas morales. No importa. Los dioses me recompensarán algún día. Y, conste,[26] no lo digo por tu padre, ya sé que la gratitud no brilla entre sus mejores atributos. Adiós, Dánae. Me esperan en el consejo. (*Le besa la mano.*) Ah, y no tienes que explicar cómo entraste: decapi-
15   taré a los espías.

(*Sale.*)

8

DÁNAE

¡Perseo! ¡Cómo te atreves! Debería yo pegarte.

PERSEO

20   Pégame. Nunca me han dolido tus golpes. (*La sienta a fuerza.*) Siéntate.

DÁNAE

¡Dios mío!

---

26. **conste:** ten en cuenta.

PERSEO

Deja en paz a mi padre. ¿Cuánto piensas durar así?

DÁNAE

¿Cómo?

PERSEO   5

De huéspedes menesterosos en palacio ajeno. Con este tesoro que
has reunido, podemos irnos a cualquier parte.

DÁNAE

Tonto. En cualquier parte seremos los mismos. Eres muy joven
para saber lo que un pasado significa.   10

PERSEO

Mamá, por favor, no soporto a Polidecto ni a nadie de aquí. Es
imposible.

DÁNAE

Polidecto es muy bueno. Pensé que le tenías algún afecto.   15

PERSEO

¡Cómo! Te hace el amor todo el día, es un déspota y un imbécil.
Si nos respeta, es por temor a... mi padre, seguramente. ¿Cómo nos
tratan todos? Se burlan, nos desprecian. Los extranjeros te sobornan
porque te creen la favorita del rey. Qué honroso, ¿no? Estoy sin liber-   20
tad, sin amigos... ¡Y ahora se fueron las sirenas! Y tú no me entiendes
ni me conoces, te pasas la vida pensando en tus glorias idas, en tu
aguacero dorado...

DÁNAE

¡Hijito, nunca me habías hablado así! (*Lo abraza.*) ¿Estás llorando?   25

PERSEO

¡No estoy llorando! (*Se limpia los ojos.*) Sería lo único que me faltara.

DÁNAE

5   ¿Entonces qué te pasa?

PERSEO

¿Pero no me oíste? ¿Estuve hablando de balde? (*Sale por la terraza. Va a saltar por la balaustrada.*)

DÁNAE

10   ¡Perseo! ¡Qué vas a hacer!

PERSEO

No grites. A bajar por el cantil para que no decapiten a esos imbéciles. (*Desaparece.*)

9

DÁNAE

15   (*Solloza.*) Qué desdichada soy. Muchachas. Muchachas. Salgan, ya sé que estaban escuchando.

(*Entran las criadas.*)

DÁNAE

Acuéstenme. Ay, así es el día. Los hijos dan una alegría pequeña,
20   después lo nublan todo. ¿Por qué es así Perseo, por qué?

ALEJANDRA

Quién sabe, señora.

DÁNAE

No te hablo a ti. Pienso en voz alta. Haz el favor de no contestarme.
Corran las cortinas. Prefiero la oscuridad.   5

(*Las dos obedecen. Cierran las cortinas y salen.*)

10

*Las cortinas se descorren por sí mismas y descubren un cielo negro,
lleno de nubarrones. Una claridad nocturna invade todo y silenciosas des-
cargas eléctricas llenan la habitación con sus resplandores. Dánae los
advierte. Se incorpora, ve en torno. Da un ligero grito ante el espectáculo* 10
de lo que se ha vuelto el día.

DÁNAE

Hermia, Alejandra, ¿qué ocurre? ¡Hermia!

(*En la terraza, aparece Atenea.*)[27]

ATENEA   15

No grites. Tengo que hablar contigo.

DÁNAE

¡Atenea! (*Cae de rodillas.*)

---

27. **Atenea** (*mit.*): diosa griega de la Sabiduría, de los Artes, de las Ciencias, y de la
Industria; hija de Zeus. Es la Minerva de los Romanos.

ATENEA

Mi padre me envía. (*Entra en la habitación.*)

DÁNAE

Dime, diosa.

5   ATENEA

No tiembles. Si quieres, levántate. Yo soy muy considerada con las queridas de mi padre. ¿Te han atendido bien aquí? Contesta y deja de temblar.

DÁNAE

10   Sí, diosa. Perdón.

ATENEA

Siéntate si quieres. Te pregunté algo.

(*Dánae obedece.*)

DÁNAE

15   He estado muy bien atendida.

ATENEA

Magnífico. Así debe ser. Tienes un hijo del padre de los dioses, y aunque muchas mortales pueden decir lo mismo, no deja de ser una distinción. Tu hijo se hace hoy mayor de edad, y le traigo un presente 20 de Zeus. Tal vez también uno mío. El don de mi padre es esta espada.

DÁNAE

¡Qué bella! ¿Para qué sirve?

ATENEA

¿Para qué sirven las espadas?

DÁNAE

Es que... pensé que sería invencible, o tendría algún uso prodigioso.   5

ATENEA

Ninguno. Es una buena espada, eso es todo. La forjaron en la fragua de Hefestos,[28] es mejor, pues, que muchas otras. Hicieron allá también este casco. Los forjadores pensaban en algún joven héroe. Por adular a mi padre lo mandan a Perseo.   10

DÁNAE

¡Gracias, diosa!

ATENEA

El que posiblemente sea mi obsequio, es éste: un fuerte y resplandeciente escudo; podrías usar su lisa superficie como espejo; ningún 15 golpe, salvo el de Heracles,[29] sería capaz de atravesarlo. Su fulgor ciega a cualquier enemigo. Como ves, es un regalo de gran consideración.

DÁNAE

Cómo agradecerlo, diosa.

ATENEA   20

Es muy sencillo: quiero un pequeño favor de Perseo, a cambio del cual lo haré dueño del escudo.

28. **Hefestos** (*mit.*): dios griego del Fuego y del Metal; el Vulcano de los Romanos.
29. **Heracles** (*mit.*): el más célebre de los héroes griegos; hijo de Júpiter y Alcmena. Es el Hércules de los Romanos.

DÁNAE

Lo que tú quieras, diosa.

ATENEA

Que corte y me ofrezca la cabeza de Medusa.[30]

5   DÁNAE

¡La cabeza de...! Pero es imposible, diosa. Nadie puede verla, su sola presencia petrifica al que se le acerque. Los héroes adornan su palacio convertidos en estatuas. Es el horror, el...

ATENEA

10   No digas tonterías. Ningún héroe adorna todavía su palacio. Tal vez algún pobre viajero, que la vio sin querer.

DÁNAE

Eso es, eso es. Mira, guarda tu escudo. Es mejor que Perseo...

ATENEA

15   Es mejor que Perseo lo use si tú y él desean gozar de innumerables favores divinos. Tu hijo irá al palacio de las gorgonas, evitará mirar a Medusa directamente, usará el escudo como espejo y el reflejo lo guiará para dar el golpe. Es peligroso, claro.

DÁNAE

20   ¡Medusa! Ay, diosa. ¿No te agradaría un regalo menos peligroso? Perseo es un niño, es...

---

30. **Medusa** (*mit.*): una de las tres Gorgonas. Atenea metamorfoseó sus cabellos en serpientes y dio a sus ojos el poder de convertir en piedra todo lo que miraban.

ATENEA

Necesito esa cabeza para adornar mi escudo, y a tu hijo le gustará
servirme. Tendrá que ir al Africa: allí tienen su palacio las gorgonas.
Hay otras dos, que no encierran mayor peligro. Las tres nos tienen
irritados a los dioses, y eso les ha dado un cierto prestigio, peligroso   5
para nuestra honra. Dicen falsos oráculos, que cobran a enormes pre-
cios. No les falta clientela, y nuestras ofrendas en Delfos disminuyen.
Esto no puede seguir así. Entrega los regalos a tu hijo. Polidecto es
generoso: él deberá costear la expedición. Y dile a Perseo que desde hoy
es un hombre, que me dirijo a él personalmente porque debe ser héroe   10
para poder contemplar de frente a los inmortales.

(*Atenea retrocede. Vuelven los relámpagos. Ya está en la terraza y
la cortina se cierra por sí misma.*)

11

DÁNAE

Dioses míos. Divinidades. (*Se persigna a la griega. Se levanta de*   15
un salto.) ¡Hermia! ¡Alejandra! ¡Polidecto! ¡Perseo! ¡Perseo! ¡Perseo!

(*Entran precipitadamente las criadas.*)

LAS DOS

Dioses, ¿qué le pasa, qué tiene, sería una pesadilla?

DÁNAE   20

Descorran las cortinas.

(*La obedecen. Reaparece el espléndido día de invierno.*)

DÁNAE

¡Atenea estuvo aquí! ¿Vieron cómo se nubló el día?

HERMIA

Hemos estado viendo la salida de un trirreme. No hay nubes. Es
un día limpio y grisáceo, con un sol pálido pero constante. Ha de haber
soñado, señora.

DÁNAE

¿He soñado? (*Duda. Ve las armas sobre el lecho. Sonríe.*) Atenea
estuvo aquí. Llamen a mi hijo. ¡Y al rey!

ALEJANDRA

Está en consejo.

DÁNAE

Interrumpan el consejo. Traigan a todo mundo. Que vengan los
músicos. (*Sale a la terraza.*) ¡Perseo! ¡Perseo! ¡Perseo! Me dijo que no
me arrodillara. «Has sido esposa de mi padre—me dijo—y ésa es la
más alta distinción».

(*Entra Polidecto con su séquito.*)

12

POLIDECTO

¿Qué ocurre? ¿Te han herido? Oí tus gritos en el salón del trono.

DÁNAE

Atenea estuvo aquí.

POLIDECTO

Atenea! (*Se persigna a la griega.*) La... (*Apunta al techo.*)

DÁNAE

Te lo dije, te lo dije, que Zeus le mandaría algún presente a su hijo.
¡A nuestro hijo! ¡Mira!   5

POLIDECTO

¿Estas armas? (*Las revisa.*) ¡Qué espada! ¡¡Qué escudo!!

DÁNAE

Las hicieron Hefestos y los demás dioses.

POLIDECTO   10

¿Ya se lo dijiste a Perseo?

DÁNAE

No. Te llamé para dárselas en tu presencia. ¡Polidecto! ¡Estamos
tuteándonos!

(*Entra Perseo.*)   15

13

PERSEO

¿Qué sucede?

DÁNAE

Hijo, ven. Mira esto. Atenea estuvo aquí. «Quiero—me dijo—que

tu hijo sea pronto un héroe para que pueda alternar con nosotros los inmortales. Estamos ansiosos—agregó—por convertirlo en semidiós».[31] ¡Serás un semidiós, Perseo, podrás colocarme en las constelaciones después de que yo muera! Atenea te ha dejado estas armas, que son regalo
5   de tu padre, y una comisión: que mates a Medusa. (*Ve a todos.*) ¿Dudará alguien, todavía, que eres hijo de Zeus?

(*Los músicos fueron entrando a la terraza, llenos de curiosidad.*)

HERMIA

¡¿Qué esperan?! ¡¡Toquen!!

10   (*Obedecen. Todos empiezan a abrazar y a felicitar a Perseo. El primero, Polidecto.*)

POLIDECTO

No me atrevo a decirte "hijo mío", como en otras ocasiones, pero te felicito de corazón.

15   VARIOS CORTESANOS

Señor, permítanos.—Muchas felicidades.—Muchos días de estos. —Déjeme abrazarlo.—Señor, Perseo...

PERSEO

Gracias, gracias, pero... ¡Por favor! ¡Déjenme ver mis armas!

20   DÁNAE

Va a matar a esa espantosa gorgona, que petrifica a todo mundo. Va a ser un héroe. ¿No es hermoso? ¡Hijo mío! ¡Tenías que ser hijo de tu madre y de tu divino padre! Tengo que explicarte cómo se usa todo eso.

---

31. **semidiós** (*mit.*): héroe, hijo de un dios y un mortal, a quien los antiguos colocaban entre los dioses.

(*Perseo toma el casco. Se lo prueba. Toma el escudo. Blande la espada. Un silencio. Las criadas se arrodillan, azoradas. Sólo suena la música.*)

PERSEO

Son buenas armas. ¿En donde está Medusa?   5

DÁNAE

(*En un susurro.*) En las costas de Africa.

PERSEO

Africa. Allá van las sirenas. (*Da un tajo en el aire.*) Ah, el mar. ¡Claro, mataré a Medusa!   10

(*Todos aplauden y gritan entusiasmados.*)

Telón

ACTO SEGUNDO

Gran salón en el palacio de las gorgonas. Al fondo, terraza y mar.
Estilo impuro, mezcla de griego, fenicio y africano. Grandes estatuas de
Seth[32] y Arimán.[33] Un gran totem de madera, negro, policromado. Un
trípode, que humea constantemente. Cortinas ligeras, a rayas, con franjas
doradas. Hay algo monumental y barato en el conjunto, que lo mismo
podría ser el vestíbulo de un templo, la entrada de un cine ostentoso o un
cabaret.

1

Tarde avanzada. Cielo sangriento. Estanas y Eunala en primer tér-
mino. Medusa al fondo, viendo al mar.
Estanas sería una mujer atractiva y sensual, ligeramente marchita,
si no fuera por la melena y las garras de gorgona. Eunala, en cuanto a
mujer, es mucho menos atractiva, pero no es fea ni deforme. Tiene sus
garras y su melena de serpientes, eso sí. Medusa no tiene garras y se toca
como la escultura más famosa de Nefertiti;[34] esa especie de cono truncado,
con la base hacia arriba, se le ciñe al cráneo de tal manera que nada hace
sospechar la masa movible de serpientes en el interior. No dejará de usarlo
nunca. Es muy blanca, fina y delgada. Sus cejas son una línea de carbón.

32. **Seth** (*mit.*): dios egípcio de las Tinieblas que representaba el principio del Mal.
Su antítesis era Osiris, dios del Bien, al cual venció finalmente. Seth es el Tifón
de los Griegos.
33. **Arimán** (*mit.*): dios persa que representaba el Mal en oposición a Ahura Mazda,
el dios del Bien, creador del mundo. Arimán o Angra Mainyu tenía un ejército
de demonios que, por fin, fueron vencidos.
34. **Nefertiti** (*mit.*): reina egípcia.

MEDUSA

Murió el viento.

ESTANAS

¡No es posible, Medusa!

MEDUSA   5

Se acabó. No hay olas, ni nubes. Qué calma.

ESTANAS

Se me fue un hilo[35] de la media.

(*Se la quita. Da dos palmadas. Una negra trae los utensilios de
costura. Estanas zurce.*)   10

EUNALA

Dormí muy mal la siesta.

ESTANAS

Pobrecita linda, ¿por qué?

EUNALA   15

Me está creciendo la melena. Como ya va a empezar el celo...[36]

ESTANAS

Yo estoy llena de serpientes chiquitas, que ya quieren inquietarse.

---

35. **Se ... hilo:** Se me deshiló.
36. **el celo:** época de cubrirse los animales.

EUNALA

A mí se me murieron antier cinco del frente, y me quedó una calva enorme. Mira cómo tengo que peinarme.

ESTANAS

5   A mí nunca me ha pasado con tantas a la vez.

EUNALA

Es que yo soy mayor.

ESTANAS

¿Cómo sabes?

10   EUNALA

Tengo las garras más duras que tú.

ESTANAS

Quiero que me crezcan más. Ayer salí a la playa con Medusa. Nos encontramos un caballo muerto y se me antojó comerle el corazón.
15   ¡Me ha costado un trabajo! ¿Verdad, Medusa? Medusa.

MEDUSA

¿Me hablabas?

ESTANAS

Le contaba a Eunala del caballo de ayer. ¿Te acuerdas?

20   MEDUSA

Sí, me acuerdo.

ESTANAS

Le decía yo a Eunala que qué lástima que ella no estaba. Como tú no tienes garras...

EUNALA

¿No irán a crecerte nunca?   5

MEDUSA

Quién sabe.

EUNALA

Creo que alguna vez no tuve garras.

ESTANAS   10

¿No?

EUNALA

No sé bien. Medusa recuerda muchas cosas, fíjate. Cosas de hace años.

ESTANAS   15

No es tan raro. Yo, a veces, recuerdo cosas de hace varios años.

EUNALA

¡De hace varios años! ¿Cosas?

ESTANAS

Cosas no. Pero temperaturas, crecimientos, olores...   20

EUNALA

Ah, sí. Yo también. ¿Y qué pasó con el caballo?

ESTANAS

Que tardé mucho en sacarle el corazón. Medusa se fue desde antes,
5 así que me lo comí sola.

EUNALA

Me hubieras guardado[37] un pedacito.

ESTANAS

Pero qué raro, ¿verdad?

10   EUNALA

¿Qué?

ESTANAS

Que Medusa no tenga garras.

EUNALA

15   Pobrecita. ¿Por qué nunca platicas, Medusa?

MEDUSA

Ayer hablé toda la mañana con Estanas.

ESTANAS

Sí. Me contó unas cosas muy chistosas.

---

37. **Me . . . guardado:** Debiste guardarme.

EUNALA

¡Toda la mañana! ¿Te cansaste mucho?

ESTANAS

Yo sí.

MEDUSA 5

Yo también. Mucho.

EUNALA

Hablar cansa.

ESTANAS

Yo prefiero comer. ¿Sabes? Hay que enseñar a zurcir a las esclavas. 10
Esto es muy molesto.

(*Entran dos negros y acomodan en la terraza una nueva estatua.
Estanas se pone las medias. Eunala se afana con los detalles del salón,
regando flores, arrojando madera al trípode, etcétera.*)

EUNALA 15

Medusa, linda, quiero pedirte un favor. (*No hay respuesta.*) ¡Ya no
petrifiques más gente! El palacio está imposible con tantas estatuas.

ESTANAS

Es cierto. Ya la terraza del frente se ve de muy mal gusto.

MEDUSA 20

Yo no tengo la culpa.

EUNALA

¿Entonces, quién? Y este negro de ahora, ni siquiera era atlético.

MEDUSA

Supongo que quiso verme bañar. Cuando salí del agua, ya estaba
5   endureciéndose, junto a mi ropa. No lo iba a dejar ahí tirado.

ESTANAS

Pues más valía.[38]

PRIMER NEGRO

Pesado,[39] ama. (*Han terminado.*)

10   ESTANAS

Claro que ha de pesar. (*Se ve la media puesta.*) Quedó bien. (*Los
negros la contemplan con codicia.*) ¿Qué me ven? Todavía no hay luna
llena. ¡Vámonos! (*Palmea. Ellos huyen corriendo.*)

MEDUSA

15   ¿Quiénes vendrán?

ESTANAS

No he visto la lista.

EUNALA

Viene un rey.

---

38. **Pues más valía:** Hubiera sido mejor.
39. **Pesado:** Es pesado. Forma elíptica de gente poco letrada. Nótese en el lenguaje
de los esclavos más adelante.

MEDUSA

Un rey. (*Suspira.*) ¿No quieren que les ayude hoy?

ESTANAS

¿En qué?

MEDUSA

Me gustaría trabajar, también. Estoy muerta de fastidio. Se ha tardado tanto la luna llena.

EUNALA

Tú nos ayudas con tu renombre. Hace dos décadas, la mejor colecta fue por la exhibición de estatuas.

ESTANAS

Es cierto. He puesto un negro para que cante la historia de cada uno. Lo hace bien, con una guitarra, y le creen todo. (*Se ríe.*) ¡Cuenta cada cosa![40]

MEDUSA

Por eso nadie quiere verme.

ESTANAS

De nada te pierdes. Por cierto los que llegan: mercaderes, nuevos ricos...

(*Un gong, lejos, suena varias veces.*)

40. ¡**Cuenta . . . cosa!** ¡Tiene tanta imaginación!

ESTANAS

Ya es hora. Están llegando.

EUNALA

Bueno, a trabajar.

5   ESTANAS

Ayer se emborracharon los músicos.

EUNALA

No volverá a pasar. Les pegué hasta que me dolió el brazo.

MEDUSA

10   Que alguien me avise cuando todo termine. (*Sale.*)

2

EUNALA

Ponte a fumar cuando lleguen. Eso los impresiona mucho.

(*Estanas enciende un cigarro. Cruza las piernas. Eunala arroja
nuevos perfumes al brasero. Un humo pesado chorrea hasta el suelo, y
15   ahí se expande. Ha oscurecido. Se ven las primeras estrellas. Entra un
cortejo de negros con antorchas. O lámparas de mano si lo anterior es
imposible.*)

ESTANAS

Coloquen las antorchas.

(*La obedecen.*)

EUNALA

¿Dónde están los músicos?

UNA NEGRA

Aquí, ama.   5

EUNALA

Empiecen ya.

(*Queda inmóvil, brazos en alto, entre dos dioses y con el trípode detrás. Golpes de gong; música. Llega una negra corriendo y gritando desgarradoramente el nombre que anuncia.*)   10

PRIMERA NEGRA

¡Troodos de Pafos,[41] Troodos de Pafos, Troodos de Pafos!

(*Se desploma a un lado de Estanas y ahí permanece desmayada. Entra un fenicio. Toma el sitio que un negro le indica groseramente.*)

(*Otra negra entra corriendo y gritando en la misma forma que la   15 anterior, como si anunciara una desgracia:*)

SEGUNDA NEGRA

¡Sen-Usert de Tebas, Sen-Usert de Tebas, Sen-Usert de Tebas!

(*Y se desploma al otro lado de Estanas. El egipcio toma su sitio. En la misma forma entra:*)   20

41. **Pafos:** antigua ciudad de la isla de Chipre, célebre por su templo de Afrodita.

LA TERCERA NEGRA

(*Gritando más estentóreamente que las otras.*) ¡Acrisio, rey de Argos,
Acrisio, rey de Argos, Acrisio, rey de Argos!

(*Y cae a los pies de Estanas. Acrisio toma su sitio junto a los otros*
5 *dos.*)

UN NEGRO ENORME

Depositar los óbolos.

(*Y en una charola*[42] *recoge una bolsa de cada uno de los extranjeros.
La música sube. Un negro apaga las antorchas con un capuchón dorado.*
10 *Queda la luz del brasero. Estanas apaga el cigarro y empieza a moverse
leve pero rítmicamente. Luego, se irá dejando arrastrar por la voz de
Eunala, hasta bailar al compás del parlamento.*)

EUNALA

Hécate,[43] Némesis,[44] Hécate, Némesis, Hécate, Némesis, Hécate,
15 reina del Erebo,[45] reina de lo nocturno, madre de las criaturas afelpadas
y siniestras, madre implacable, madre oscurísima, madre sapientísima,
haznos el don de tus oráculos. Hécate, Némesis, Hécate, Némesis,
Hécate, Némesis, los hombres acechan palabras de las tinieblas.

(*Todas las negras gritan agudamente.*)

20 EUNALA

Los que estamos alejados de los dioses sabemos la verdad de las

---

42. **una charola** (*Méx.*): una bandeja.
43. **Hécate** (*mit.*): nieta de Perseo; diosa de la Luna, de la Tierra, y, como diosa
    de las Tinieblas, llamada también Perséfona y Artemisa.
44. **Némesis** (*mit.*): diosa griega de la Venganza y de la Justicia distributiva.
45. **Erebo** (*mit.*): región tenebrosa que se extiende bajo la tierra, por encima del
    Infierno.

cosas. En el antro del mundo escrutamos las cosas. Dioses implacables: nuestras las solas voces que retumban en el antro del mundo.

(*Las negras, una a una, se han unido a la danza de Estanas. Bailan todas.*)

EUNALA   5

Hécate, Némesis, fútiles os resultan las preguntas de los hombres, fútiles todas las preocupaciones de los hombres. Revélese a los hombres la fútil verdad que acechan.

(*Sigue la danza. De golpe, las negras caen al suelo, como privadas de sentido. Estanas queda repentinamente inmóvil. Un gran silencio.*)   10

EUNALA

(*Desfallecida, gemebunda.*) Troodos de Pafos, Troodos de Pafos, Troodos de Pafos, ¿de dónde esperas que te contesten?

TROODOS

Del feliz reino mortuorio de Astarté.[46]   15

EUNALA

Allá no hay nadie que te escuche, Troodos, ésa es la verdad. Pero quizá venga respuesta desde los antros líquidos del mundo. Pregunta, pregunta, Troodos de Pafos.

TROODOS   20

Yo tenía un hermano y una esposa. Juntos hicimos un viaje; de

---

46. **Astarté** (*mit.*): diosa fenicia del Cielo entre los pueblos semíticos; protectora bajo diversos nombres (Istar, Atar) de muchas ciudades.

Pafos a Bitinia[47] era la ruta, y de ahí a las costas de Siria. En la noche, un arrecife brotó de las aguas: naufragamos. Yo quedé solo, abrazado al mástil; a los dos días, las olas me dejaron en tierra. Volví a Bitinia, volví a Pafos. En los dominios fúnebres de Astarté quiero inquirir por

5   mi querida esposa, por mi querido hermano, y oír las últimas palabras que no llegaron a decirme.

3

(Tambores lentos. Entre la espesa humareda del trípode aparece un marino azuloso, medio podrido ya, fosforescente, con larguísima barba blanca y flotante.)

10   EL MARINO

No hay feliz reino mortuorio de Astarté, Troodos de Pafos, y si lo hay, me han negado el secreto del camino y de la entrada. ¿Me recuerdas? Yo llevaba el timón de tu barco. No hay feliz reino mortuorio de Astarté, y de haberlo, no encontrarías ahí a tu mujer y a tu her-

15   mano. Búscalos mejor en el mercado de Bitinia, viviendo juntos y felices, vendiendo aún restos del cargamento. Juntos provocamos el naufragio, juntos salvamos las mercancías, Troodos de Pafos. Pero tu hermano me pagó con esta puñalada. *(Muestra la herida.)*

TROODOS

20   ¡Mientes, podredumbre!

EL MARINO

Para qué voy a mentir. Vi como los cangrejos devoraron mis dedos, lentamente; vi como los corales soldaron su ramazón a mis costillas. Mi fósforo va al mar, mi calcio es la espiral de un caracol rosado. De

25   esto hace mucho tiempo. Adiós, ya no puedo hablar más. Un pececillo

47. **Bitinia:** antigua comarca de Asia Menor.

rojo viene hacia mí, a devorar mi lengua. Adiós, Troodos de Pafos, adiooos... (*Gorgoritos.*)[48]

(*El marino desaparece.*)

TROODOS

Es falso. Ya sabía que tratarían de engañarme. ¡Es falso!   5

EUNALA

Si dudas, ve al mercado de Bitinia, pero lleva preparado el filo de tu venganza.

TROODOS

¡No iré a Bitinia! ¡Mi mujer me quería, mi hermano también! ¡Tú   10
hiciste esta farsa!

(*Trata de atacar a las gorgonas, pero Estanas truena los dedos y dos negros arrastran fuera al fenicio, que no deja de gritar.*)

TROODOS

Ladronas, embusteras, es una farsa. No se queden aquí, imbéciles,   15
no ven que los engañan, imbéciles. (*Desaparece.*)

4

EUNALA

(*Sonriente.*) De todos modos, va rumbo a Bitinia. (*Ríe quedo. Bruscamente, seca*): El siguiente, por favor.

48. **Gorgoritos** (*Méx.*): diminutivo de burbujas.

(*Vuelve la música. Estanas vuelve a danzar, lentamente ahora. Las negras se incorporan como privadas de fuerza. Caen de nuevo. Un silencio y Eunala pregunta, del mismo modo desfallecido de antes.*)

EUNALA

5   Acrisio, rey de Argos, Acrisio, rey de Argos, ¿de dónde esperas respuesta?

ACRISIO

De los abismos del Tártaro.[49]

EUNALA

10   Tal vez no importe lo que ellos digan, Acrisio. Las respuestas están en la haz de la tierra. Pregunta, Acrisio. Pregunta, Acrisio.

ACRISIO

Yo tuve una hija. Dánae, se llamaba. Un oráculo me previno contra un posible hijo de ella; «tu nieto te dará muerte cuando sea mayor de
15   edad» dijeron. Bueno, eso no me importó. La muerte llega siempre. De un modo o de otro, tocamos el momento en que ya no se toca nada. No importa cómo, puesto que eso sucede. Pero yo no deseaba casarla, ni que la pretendieran. La encerré en una torre, porque era grato saberla segura y limpia. Ahí la tuve, lejos de todo hombre. ¡Yo era el único que
20   en verdad, por razón natural, podía quererla! Todo fue inútil: al regresar de un viaje la encontré recién parida, con pavor en los ojos y un hijo entre los brazos. La arrojé al mar.
        Ya los años embotaron mis sentimientos de entonces. Digo «Dánae» y es como descubrir una historia muy turbia, que le pasó a
25   otro padre, a otro Acrisio. Y sin embargo, llámalo duda, o curiosidad,

---

49. **Tártaro** (*mit.*): la región más profunda del Infierno, donde son castigados los hombres más perversos.

todavía me pregunto: ¿Quién fue el violador de Dánae? ¿Quién el padre de su hijo? Para eso quiero las voces de tu oráculo.

(*Tambores. Entre la espesa humareda, como brotando del suelo, surge la sombra de Dánae, rodeada por velos informes y flotantes.*)

ACRISIO

(*Impresionado.*) ¡Dánae! ¡hija!

DÁNAE

No vengo del Tártaro a responderte, esa es la verdad. Si estuviera yo ahí, jamás me tomaría la molestia de presentarme. Duermo ahora, con sobresaltado sueño, en la Isla Serífea, en el palacio de Polidecto. Naturalmente, no estoy muerta. Si lo que esperas saber me lo hubieras preguntado entonces, tal vez no habrías cometido tu crimen. Ahora, me complace escupirte la verdad en tus barbas renegridas de pintura y en tu cara llena de cosméticos. Te escupo también mi odio. Espero que te consumas de rencor impotente y te conviertas en lo que siempre has sido: un viejo gomoso[50] y decrépito, carcomido por pasiones hediondas.

ACRISIO

Hija, eres una perra. Lamento que vivas aún, y así como te arrojé al mar, te arrojo ahora mi más profunda maldición. Tú sola te has perdido: si no eres una farsa de estas gorgonas, si eres algo más que un golpe de teatro, voy a saberlo. Y entonces, la isla Serífea será arrasada, mis naves de guerra sabrán cobrar su estupidez a tu amante, Polidecto, y tú volverás a las aguas de donde nunca debieron sacarte.

DÁNAE

Eres tan necio como siempre, Polidecto es tan sólo mi amigo y

50. **gomoso** (*pop.*): presumido.

protector. Mi único amante es Zeus Olímpico. Ya puedes mearte[51] de
la rabia y mesarte el pelo, ya puedes reventar y salpicar los vientos de
inmundicia cuando revientes: nada, Zeus, el padre de los dioses. (*Se
ríe.*) Adiós. Lamento que nos vimos frente a frente y no tuve uñas que
clavarte en los ojos. Ahora soy una sombra, pero la profecía sigue en
pie. ¡Ya sabrás algo de mi hijo! (*Empieza a desvanecerse.*)

ACRISIO

¡Claro que sabré algo del hijo de puta! Ya veremos lo que vale una
profecía, y si mi brazo no es capaz de invertirla. ¡Dime su nombre y
dónde está!

(*Del fondo, gritando desgarradoramente como las heraldas ante-
riores, llega otra negra, más desaforada aún, con una antorcha entre las
manos. Al primer grito, Dánae desaparece.*)

CUARTA NEGRA

¡Perseo de Serifos, Perseo de Serifos, Perseo de Serifos!

(*Y se desploma en primer término. Al fondo aparece Perseo, entre
dos negros con antorchas.*)

5

PERSEO

Me detuvo la calma. He agotado tres grupos de remeros. ¿Llego a
tiempo para tu oráculo de hoy?

EUNALA

Llegas tarde. Enciendan las antorchas. (*Toma un látigo. Estanas*

51. **mearte** (*vulg.*): orinarte.

otro.) Negra estúpida, ¿no hemos prohibido que nadie pase mientras responden los oráculos?

(*Y empiezan a azotar a la negra.*)

ESTANAS

Eres una imbécil, un pedazo de negra imbécil, un bodoque[52] de 5 carne, una lengua para berrear, eso eres.

(*La negra se arrastra por toda la habitación y aúlla y se revuelca de dolor. Ellas ven a los negros.*)

EUNALA

Y ustedes, ¿no saben las instrucciones? 10

(*Y los azotan con furia. Ellos gritan y caen de rodillas. Al fin, cesan ellas, jadeantes.*)

ESTANAS

Por esta noche no hay más oráculos.

ACRISIO 15

¿Qué quieres decir? Yo necesito la respuesta completa.

SEN-USERT

(*Al mismo tiempo.*) Pero falto yo, he viajado desde muy lejos.

EUNALA

¿Quieren callarse? He dicho que por esta noche no hay más 20 oráculos. Tendrán que esperar una década.

52. **un bodoque** (*Méx.*): una protuberancia.

SEN-USERT

Pero no puedo permanecer aquí diez días. Mi barco se va al amanecer.

EUNALA

5   Lo siento mucho. ¿Y usted?

ACRISIO

Esperaré.

ESTANAS

¿Y usted?

10   PERSEO

Me quedo.

SEN-USERT

Pero he hecho un largo viaje. El barco no quiso acercarse mucho
al palacio, está lejos.

15   EUNALA

Podemos alquilarle un caballo, muy barato.

SEN-USERT

¿Y lo que he pagado por el oráculo?

ESTANAS

20   La tesorera es Medusa. ¿Quiere hablar con ella?

(*El egipcio baja la cara con rabia. Ve a todos. Sale.*)

6

EUNALA

¿Puedo preguntarles dónde van a dormir?

PERSEO

En mi barco. Está anclado frente al palacio.

ACRISIO   5

Y yo en el mío. Está anclado cerca de aquí.

ESTANAS

Porque podemos ofrecerles dos magníficas habitaciones en la planta alta, con vista al mar y todas las comodidades, por un precio... (*los mide*) adecuado a la categoría de los huéspedes.   10

PERSEO

Me parece muy bien. Será más cómodo.

ACRISIO

También me quedo. Oí que el señor venía de... Serifos.

EUNALA   15

Voy a presentarlos. Perseo, príncipe de Serifos, y el señor es Acrisio, rey de Argos.

(*Se ven, con diferentes sorpresas.*)

ESTANAS

Voy a ver que les arreglen sus habitaciones. ¿Quieren una o dos   20
esclavas en las camas?

ACRISIO

(*Se ríe.*) No está mal esto, ¿eh? Que sean dos.

ESTANAS

¿Y usted?

5   PERSEO

Yo no quiero a nadie.

ESTANAS

¿O prefiere usted esclavos?

PERSEO

10   No, gracias. A nadie.

ESTANAS

¿Me ayudas, hermanita?

(*Salen las gorgonas.*)

7

(*Hay un silencio. Los dos hombres se ven. Perseo sonríe al fin, no a*
15   *su abuelo sino por la situación.*)

ACRISIO

Así es que usted viene de Serifos.

PERSEO

Sí.

ACRISIO

Nunca he estado allá, pero he oído hablar del país. Reina...
Polidecto, ¿no?   5

PERSEO

Desde hace más de veinte años.

ACRISIO

No tenemos relaciones diplomáticas. Usted es... ¿hijo del rey?

PERSEO   10

No, soy príncipe de Serifos.

ACRISIO

Ajá. Pero vive usted en palacio.

PERSEO

Sí.   15

ACRISIO

Me han contado algunas historias curiosas de la hospitalidad de
Polidecto. Está casado con una extranjera, ¿no?

PERSEO

El es soltero. (*Se adelanta a la pregunta.*) Y no tiene amante oficial.   20

ACRISIO

¿No? (*Piensa.*) ¿Y no viven extranjeros en palacio?

PERSEO

Nada más mi madre y yo.

5   ACRISIO

(*Piensa, se ríe al fin.*) Perdone las preguntas. Es que... Este oráculo es una farsa. Y bien hecha. Me dijeron... (*Duda. Se le ocurre algo poco verosímil.*) ¿Usted es príncipe de dónde?

PERSEO

10   De Argos, abuelo.

(*Una pausa. Se ven. Acrisio pone la mano en el puño de la espada. Perseo sonríe. Acrisio, de pronto, se ríe a carcajadas.*)

PERSEO

Sí, tiene gracia.

15   ACRISIO

(*Serio, lo ve de arriba a abajo. Un poco agresivo.*) ¿Cómo está tu madre?

PERSEO

Está bien.

20   ACRISIO

Me odiará mucho, ¿no?

PERSEO

Sí, bastante.

ACRISIO

Tú también, me imagino.

PERSEO   5

Todavía no. No nos hemos tratado.

ACRISIO

Es cierto. Yo tampoco te odio todavía. ¿Conoces los oráculos?

PERSEO

Naturalmente. Mi madre me los repite a diario desde hace nueve   10
décadas.

ACRISIO

(*Burlón.*) ¿Y qué? ¿Cuándo vas a matarme?

PERSEO

No tengo la menor idea.   15

ACRISIO

Va a ser un poco difícil.

PERSEO

Naturalmente. No pienso hacerlo.

ACRISIO

Y aunque pensaras.

PERSEO

(*Se encoge de hombros.*) Tal vez.

5   (*Entra Estanas.*)

8

ESTANAS

Su habitación está preparada. Escogí dos esclavas jovencitas y vírgenes.

ACRISIO

10   Está muy bien. Aunque prefiero una virgen y otra más experimentada.

ESTANAS

Voy a cambiarla, entonces.

(*Entra Eunala.*)

15   EUNALA

Sus habitaciones están listas. ¿De veras no quiere esclavas, o esclavos, o algo?

PERSEO

No, gracias.

ACRISIO

(*Burlón.*) El muchachito es tímido. (*Va a salir.*) Y no me digas abuelo. Llámame por mi nombre, si quieres.

PERSEO

Está bien.   5

ACRISIO

¿Sabes lanzar el disco?

PERSEO

Sí.

ACRISIO   10

Te reto. Pasa a llamarme cuando despiertes.

EUNALA

Les aconsejo que no abandonen sus habitaciones, hasta que amanezca. Medusa duerme poco, anda de aquí para allá, y podría suceder un accidente deplorable.   15

ACRISIO

Si las esclavas están conmigo, no hay peligro de que salga. (*Sale.*)

ESTANAS

Voy a guiarlo. Avísale a Medusa que ya no hay nadie y puede bajar, si quiere. (*Sale.*)   20

EUNALA

En seguida, nada más[53] lo acompaño. ¿Vamos?

PERSEO

Sí. (*Duda.*) ¿Mis armas?

5   EUNALA

Las dejaron en su cuarto, con el resto del equipaje.

(*Salen.*)

9

La escena sola. Pausa. Entra un esclavo y apaga todas las antorchas.
Sale. La habitación queda iluminada por una luz de luna en creciente que
10   *irá intensificándose progresivamente, hasta el fin del acto.*

Entra una esclava vieja y achacosa, que recoge las colillas de Estanas,
su cesto de costura, las flores marchitas. Acomoda los muebles, limpia
una o dos manchas del suelo, con una jerga. Sale. Una pausa. Se oye el
canto de las sirenas, lejos.

15   *Entra Perseo lentamente. Trae el casco puesto, empuña la espada y*
ase el escudo. Se nota que tiene miedo. No se atreve a ver la habitación
directamente, la observa en el reflejo de su escudo. Ve que no hay nadie;
avanza, tropezándose, porque sigue viendo el reflejo y no las cosas. Vuelve
a oírse el canto de las sirenas. Perseo se anima, corre a la terraza. Se oye
20   *el canto, más cerca. Perseo agita su espada, saludando. Su sombra, larga,*
llena la habitación. El está en plena luz.

Entra Medusa, se detiene en el umbral. Ve la sombra antes que al
joven. Sin hacer ruido se acerca a él, lo observa. Está a sus espaldas.

Perseo, contento, ve como sus amigas dan vueltas en el aire y después
25   *se alejan. Saluda una vez más y se vuelve, para entrar; frente a él está*
Medusa. Perseo grita, deja caer escudo y espada y se cubre la cara con

---

53. **nada más** (*fig.*): solamente.

las manos. Medusa retrocede, avergonzada. El no se mueve. Ella se asusta; comprueba con las manos que trae puesto el tocado egipcio. Va a Perseo.

MEDUSA

¿No te pasó nada? ¿Estás bien?

(*Lo toca, y él vuelve a gritar. Retrocede con la cara descubierta.*)   5

MEDUSA

¡No tengas miedo!

(*Lo toca y él no se mueve.*)

MEDUSA

¿Ya ves? No te ha pasado nada. No tengas miedo.   10

PERSEO

No tengo miedo. (*Y empieza a llorar.*)

MEDUSA

Válgame⁵⁴ Zeus. Ya, muchacho, ya. No pasó nada. ¿Qué andabas haciendo?   15

(*Lo trae al sofá, lo acaricia. El se abandona un instante, se repone, la rechaza.*)

PERSEO

Deja, perdona. Es la primera vez... (*Se levanta.*) ¡Maldita sea! ¿ves? ¡Lloré de miedo! Aquí me tienes; el héroe, llora de miedo porque   20

54. **Válgame:** *subj. pr.* de valer con valor de *imper.*

ve de repente a una muchacha. No sirvo, soy un marica.[55] Creo que nunca he sido valiente.

MEDUSA

Los valientes son los que tienen más miedo, ya lo sabes, ¿no?

5   PERSEO

Pero se lo aguantan. Yo grito, tiro mis armas, lloro...Ya me voy. No sirvo. Me iré al amanecer. Le diré a mi madre que... ¡Ah, maldita sea! (*Estrella una vasija contra el suelo, patea un mueble, se sienta.*)

MEDUSA

10   ¿Pero qué tienes? ¿Por qué te enojas? Eres muy joven.

PERSEO

No soy muy joven. Heracles mató a los animales aquellos desde su cuna. Y todos, desde niños...Yo: pegado a las faldas de mi madre, jugando solo, huyendo de la gente... ¡Es que vivimos en un palacio 15   que no es nuestro, estamos de caridad! Y el rey enamora a mi madre. ¡Odio al rey! ¡Odio a las esclavas! Ahora habría sido la ocasión... ¡No me voy! ¿verdad?

MEDUSA

¿Ocasión de qué? Ya veo que piensas en voz alta, pero si esperas 20   alguna respuesta, habla más claro. ¿Qué quieres?

PERSEO

(*Como un niño.*) Quiero ser héroe.

55. **un marica** (*pop.*): un miedoso.

MEDUSA

(*Condescendiente.*) ¿Para qué quieres ser héroe?

PERSEO

Mira, tengo que sacar a mi madre del palacio en que vivimos. No
quiero que dependamos de un extraño, como hasta ahora.   5

MEDUSA

¿Y por qué no tratas de ser otra cosa? Carpintero, alfarero, poeta...

PERSEO

¿Cómo crees? Tengo sangre real.   10

MEDUSA

¿Sí? ¿No has estudiado la composición química de la sangre?

PERSEO

Ya sé, quiero decir...Tengo posición, rango.

MEDUSA   15

Niño, te han llenado la cabeza de ideas curiosas. Los únicos seres
humanos aparte del hombre común, son los monstruos. ¿Qué es posición?

PERSEO

Posición, sitio...   20

Medusa

No hay más que un sitio: el que todos los hombres tienen en el espacio y en el tiempo. Superior, inferior: si no los usas como términos físicos, ya no quieren decir nada. ¿Qué es superior? ¿El hombre que
5 mueve una palanca o el que escribe una oda? ¿El que navega o el que escala? No son posiciones, son oficios.

Perseo

¿Y el que gobierna? ¿El que tiene poder para mover cien mil hombres en una dirección?

10 Medusa

Ese es, tal vez (muy raramente), el servidor de cien mil hombres. Si no, es sólo un pobre hambriento, con un oficio nebuloso y sin ningún fin. Mira, el hombre está sólo y necesita un espejo que le diga: eres alguien, eres bello, eres bueno, vales. Ese espejo es la persona amada.
15 Hay hombres que no saben hallar un solo espejo y buscan muchos. Tienen hambre de ser bellos, fuertes, buenos; tienen hambre de valer y gritan «soy, soy», pero nadie les responde. Consiguen entonces cien mil, o cien mil millones de hombres, que les digan a gritos «eres bello, eres fuerte, vales». Pero nada les basta. Esos son los gobernantes.

20 Perseo

(*Se ríe.*) ¿Quién te ha dicho todo eso?

Medusa

¡Quién *no te lo ha dicho*? Pregúntale a cualquier tejedor, a cualquier alfarero: lo saben. Tienen mujeres gordas que les dicen: qué bella tela
25 tejes, qué redonda vasija, qué perfecta. Ellos y sus mujeres están completos. Tienen noches en que se tocan sus sitios secretos, y gozan y se ríen, y ruedan juntos sobre las tablas de sus catres. Tienen niños, tienen malos olores debajo de los brazos. Todo eso, la intimidad, los gestos

vulgares... es lo que no tienen los héroes. El héroe tiene el gesto de la estatua, la piel dura, los ojos duros; no tiene intimidad, porque su vida es una pieza literaria que va construyendo paso a paso. No vive para sí ni para su placer, sino para la construcción de una imagen ficticia que legarle a los siglos. Vive por su leyenda.   5

PERSEO

¡Por su ideal!

MEDUSA

Exactamente. Un ideal, nada. Cualquier mujer gorda con los senos sudados es mejor que un ideal. Por una mujer gorda nadie mata a nadie.   10 O si acaso, se matan uno o dos hombres. Pero por un ideal...Tú quieres ser héroe. ¿No traes en la bolsa una lista de futuros cadáveres?

(*Perseo se aleja, vacila, la ve.*)

PERSEO

(*Acorralado, sorprendido.*) ¿Sabes quién soy?   15

MEDUSA

Un muchacho que lloraba.

PERSEO

Es que... Sí. Se supone que mate a mi abuelo. Y me mandaron aquí a matar a Medusa. A mi abuelo no lo mataría nunca, ¿ves? A   20 Medusa sí, porque es un monstruo.

MEDUSA

(*Furiosa.*) ¡A Medusa sí! ¿Y tú qué eres, niño? Un aspirante a

monstruo, un hombre que quiere estar aparte de los demás, ser diferente. No hay más categorías ni más géneros: hombres y monstruos, los
monstruos pueden lanzar llamas o hacer música, volar o reptar, pero
son todos lo mismo, y eso quieres ser tú. Entonces, ¿qué te justifica
para hablar así de matar a una mujer, tu semejante?

PERSEO

Ella hace daño, petrifica, engaña.

MEDUSA

¿Te ha petrificado a ti? ¿Te ha engañado? ¿Conoces a alguien
petrificado o engañado por ella? Entonces, no matas por corregir un
mal que ni siquiera te imaginas en detalle: matas por alimentar tu
hambre, porque otros digan «es fuerte, es bello, vale». Niño ridículo,
llorón, yo soy Medusa. ¿Te has vuelto roca? ¿Te he hecho más daño
que consolarte el miedo y limpiarte las lágrimas?

PERSEO

Pero... ¿tú? No es cierto. Tu pelo...

MEDUSA

Mi pelo... Mi melena, está aquí adentro. La siento moverse. Ella
es el horror, es la que petrifica. Si yo estuviera descubierta, tú serías
ya tu propio monumento.

PERSEO

Sin embargo... Me engañaron.

MEDUSA

Te dijeron la verdad y te engañaron con ella. Los dioses, los ideales,
engañan con la verdad. Aquí estoy. Allí está tu espada. Empieza tu
carrera.

PERSEO

Perdóname.

MEDUSA

Mátame. ¿Crees que soy muy feliz? Yo llevo[56] la vida de un héroe. Me temen, me admiran, cruzan el mar por oir de cerca mi leyenda. No   5 tengo intimidad. No hay quien me diga nombres tontos por las noches, no hay quien me apriete los senos con ternura, no tengo espejo, no tengo dueño. El paisaje es para mí sola, hablo en grandes frases, soy importante. Mírate en mí, aprende: te rodearán monstruos semejantes a ti, infelices que nacieron de ese modo. Como Estanas, Eunala...   10 Pero yo tengo un ansia, y un conocimiento, y un imposible. Eres un idiota. Vete a tu casa, regresa allá, y no busques; disfruta lo que tengas.

PERSEO

No tengo nada.

MEDUSA   15

¿No? Tienes tu cuerpo, tu placer, tu edad, el mundo, los hombres...

PERSEO

Mi cuerpo... Para revolcarme en la arena con las pescadoras, que apestan, o con las esclavas, que se burlan.   20

MEDUSA

Para eso. Que algo sea peste o perfume depende muchas veces del estado de ánimo. ¿Eres casto?

(*Perseo asiente.*)

56. **llevo**: vivo.

MEDUSA

Porque «buscas una unión limpia y bella, algo mejor que esas cópulas fugaces de los demás hombres».

PERSEO

5   ¡Sí!

MEDUSA

Lo limpio y bello de la unión dependerá de ti, nada más. Podrías revolcarte con una anciana jorobada y encontrar en esa unión un bello contacto humano. Si buscas algo mejor que «las cópulas fugaces de
10   los hombres» es muy probable que encuentres algo peor.

PERSEO

¿Qué voy a hacer? No puedo regresar. No puedo matarte. No quiero matar.

MEDUSA

15   ¿No quieres ser héroe?

PERSEO

No sé. Estoy solo. Quiero ser algo, alguien.

MEDUSA

(*Se suaviza.*) Eres alguien. Eres Perseo. Mis oráculos te han men-
20   cionado algunas veces. Tienes una historia complicada y ridícula y tratas de embellecerla embadurnándola de sangre. No hace falta.[57] Cualquiera puede decirte lo que tienes hambre de oir. ¿No te ves? Eres joven, eres bello. Hay algo tierno y encendido que brota constantemente de ti. Eres alguien.

57. **hace falta:** es necesario.

PERSEO

¿Por qué me dices eso? Eres muy buena. Y eres muy bella. Atenea
mintió.

MEDUSA

En cierto modo.   5

PERSEO

Mintió. Eres muy bella. Eres... hay algo precioso en ti.

(*Quedan viéndose. Se oye cantar a las sirenas.*)

MEDUSA

Es muy tarde. ¿Qué vas a hacer?   10

PERSEO

No sé. Pero no me iré mañana. Tengo que pensar, y pensar. Voy
a acostarme.

(*Se dan la mano. El va a salir. Se vuelve a verla, sonríe y hace un
gesto vago.*)   15

MEDUSA

Hasta mañana, Perseo.

PERSEO

Hasta mañana, Medusa

Telón

ACTO TERCERO

Un patio al aire libre. A la derecha, la entrada de servicio al Palacio de las Gorgonas; es una roja cortina que se extiende en semicírculo, y va desde el primero hasta el tercer término, colgada de un friso angosto, entre primitivas columnas; tiene aberturas que permiten salir por varios puntos; ⁵ *las cocinas están detrás. A la izquierda, al fondo, asoman las enormes hojas y ramas de una planta tropical, y junto a ella, un poco menos a la izquierda y más al frente, hay una estatua. A la derecha, en primer término, hay una banca de piedra muy gastada, en cuyas hendiduras crecen yerbas y plantitas.*

1

¹⁰ *La esclava vieja y achacosa está en la banca, de espaldas a la cocina, pelando chícharos. Llega un esclavo cargando una canasta llena de legumbres. Se detiene y huele:*

ESCLAVO

(*A la vieja.*) Huele bueno, ¿eh? ¡Comida!

¹⁵ (*Asiente la vieja. El abre la cortina. Dentro se oyen risotadas. El pasa, dejando caer la tela tras de sí. Vienen dos negros, cargando en parihuelas la estatua de un niño. Otro más, trae una silla y unas cortinas que se le arrastran. Medusa viene tras ellos. Un velo muy vaporoso y sutil la envuelve de pies a cabeza.*)

92

MEDUSA

¡Cuidado!

(*Ello se detienen. Medusa levanta las puntas de las telas, las acomoda. Salen.*)

2

De algún sitio, al fondo, llegan aplausos y gritos. Entran las gorgo-   5
nas, furiosas, con sendos látigos en las manos.

ESTANAS

Se han de haber ido por aquí.

EUNALA

(*A la vieja.*) ¿Hace mucho que estás ahí sentada?   10

(*La vieja asiente.*)

EUNALA

Se escaparon dos esclavos. Uno era enorme, como[58] de dos metros.
¿Lo viste?

(*La negra niega.*)   15

ESTANAS

Se habrán ido nadando.

58. **como**: más o menos.

EUNALA

Tal vez. Pero voy a matarlos cuando vuelvan.

ESTANAS

¡¿A matarlos?!

5   EUNALA

(*La tranquiliza.*) A ella. A él, a encerrarlo. Faltan tres días para luna llena y se nos va el mejor. Hace dos lunas hizo lo mismo.

ESTANAS

Así son. En cambio,[59] los horribles, quisieran empezar desde ahora.

3

10   *Regresa Medusa con los tres negros, que ahora no cargan nada.*

EUNALA

(*Enojada.*) ¿Podrías dejar por un momento tu mudanza, y ayudarnos a buscar un esclavo?

ESTANAS

15   ¿Para que nos lo petrifique? Déjala. Anda, Medusa, sigue con tus cosas.

(*Salen las gorgonas. Medusa se ríe; sale con sus esclavos.*)

59. **En cambio:** Por el contrario.

4

Vuelven a oirse aplausos y gritería. De la izquierda entran Perseo y Acrisio, sudorosos; cargan sendos discos. Acrisio va hacia la banca, truena los dedos. La vieja suspira, recoge sus chícharos y va a la cocina. Sale. Lejos, siguen los aplausos y uno que otro vítor.[60]

ACRISIO   5

¿Qué clase de preceptor tuviste? (*Se ríe.*) ¿Estás enojado?

PERSEO

No.

ACRISIO

Te he ganado tres días seguidos, y cada mañana lo haces peor. 10
¿Oyes? Todavía me vitorean.

PERSEO

¿Son vítores? Yo creí que gritaban peleando por el oro que les arrojó usted.

ACRISIO   15

Mi último disco, se perdió de vista. Quién sabe dónde fue a dar.

PERSEO

Cuando veníamos, vi a un esclavo escondiendo un disco. ¿Sería el mismo?

60. **uno que otro vítor:** escasas exclamaciones de aplauso.

ACRISIO

(*Se ríe con saña.*) Estás furioso. Es que eres un muchacho enclenque. ¿Nunca lanzabas, nunca ibas de cacería? ¿No nadabas?

PERSEO

5   A veces.

ACRISIO

No se te nota. Vamos a nadar un rato, ¿no?

PERSEO

Tenga cuidado, se le saltan las venas y apenas puede usted respirar.
10   Para su edad, es demasiado ejercicio.

(*Acrisio, solemne, se levanta. Se coloca en actitud estatuaria.*)

ACRISIO

Mira este cuerpo y estos músculos. Esta es mi edad. Sólo la lengua
hendida de tu madre puede decir que me pinto el pelo.

15   PERSEO

¡Deje en paz a mi madre!

(*Un negro con una guitarra viene de las cocinas, royendo un hueso.
Se tira al sol.*)

ACRISIO

20   No te enojes, fue antes hija mía. Tienes tu carácter, ¿eh? (*Se ríe.*)
No quiero herirte, juego un poco a veces.

PERSEO

¿Ha jugado con los tigrillos?

ACRISIO

(*Suelta la carcajada.*) Ven, tigrillo, vamos al estanque. (*Le alborota el pelo.*) Con un poco de músculos, pero músculos, serías un buen tipo.   5

(*Perseo lo ve salir. Luego golpea la banca, furioso. Se calma, sonríe.*)

PERSEO

Viejo gorila.

(*El esclavo se acerca a Perseo.*)

ESCLAVO   10

Oye, príncipe, ¿qué vas a querer hoy? Tengo bonitas flores para ti. Hortensias, magnolias, ramos muy grandes.

PERSEO

No. Eso me trajiste ayer.

ESCLAVO   15

Tengo collar de piedras, mira, bonito. (*Lo muestra.*)

PERSEO

Guárdalo para una esclava.

ESCLAVO

¿Colección de mariposas? A Medusa le encantan mariposas, muy   20
bonitas.

PERSEO

No. Consígueme... plumas. Quiero unos guantes de plumas verdes.

ESCLAVO

5   Muy difícil. Muy caros. (*Perseo le da una bolsa de dinero.*) Bueno, yo sé cómo, muy bonitos guantes.

(*Entra Medusa, precedida por sus esclavos. Dos cargan un sofá, el otro un cofre. El esclavo de la guitarra se aleja.*)

5

MEDUSA

10   Buenos días, Perseo amigo.

PERSEO

(*Sonriente.*) Buenos días, Medusa. Pareces una nube preñada por un solo relámpago perfecto.

MEDUSA

15   (*Sonríe, complacida.*) ¿Lo dices por esta gasa? Es una costumbre egipcia, para no ennegrecerme con el sol.

(*Se levanta el velo, descubriendo la cara.*)

UN NEGRO DE LOS QUE CARGAN EL SOFÁ

Pesado, ama.

MEDUSA

Anden, sigan.

(*Da dos palmadas, los negros salen. El del cofre va a salir también.*)

MEDUSA

Tú quédate. Deja mi cofre aquí.   5

(*El negro obedece. Va a tirarse junto al de la guitarra.*)

PERSEO

Tanta actividad...

MEDUSA

(*Alegre.*) Estoy mudándome de casa. El palacio está siempre lleno   10
de huéspedes, y no me gusta encontrarlos a cada paso. Así, cubierta,
un anciano supo quién soy y murió de terror. Más le hubiera valido ver
mi melena, para perpetuarse, como aquél. (*El del fondo.*)

PERSEO

No hables así de ellos.   15

MEDUSA

¿Por qué?

PERSEO

Parece que fueras dura.

MEDUSA

Soy realista. Lloré mucho por mis víctimas, como los cocodrilos,
¿pero has visto llorar a los soldados después de tres batallas? (*Aprisa.*)
¿Qué vas a darme hoy?

5   PERSEO

No sé.

MEDUSA

¿Adónde vas a llevarme?

PERSEO

10   No sé. Dime una cosa: ¿lo has hecho alguna vez... de intento?

MEDUSA

¿Qué?

(*Perseo señala la estatua.*)

MEDUSA

15   Mira, un arma usada por ti, contra tu voluntad, es una condena.
Y usada por ti, cuando te plazca, es un don. ¿Y quién no desea que
su condena se convierta, a veces, en un don? No pongas esa cara.
(*Voluble.*) Tengo una casa nueva, pequeña, en el borde de ese cantil
que ve al mar. (*Señala.*) La terraza es muy amplia, y ahí podré reci-
20   bir... a algunos amigos, a las sirenas...

PERSEO

Me gustaría ver tu casa.

MEDUSA

La verás. Y también verás otras cosas. Aunque...No. Soy muy impaciente. Hay quienes no pueden estar diez minutos sin enseñar su álbum de familia, o su colección de escarabajos. Yo, no puedo aguardar más sin enseñarte mi cofre. ¿Qué crees que encierra?   5

PERSEO

No sé. Mmh...¿Un tesoro?

MEDUSA

En cierto modo.

PERSEO   10

¿Joyas?

MEDUSA

Casi joyas. (*Se ríe, amarga.*) No, Perseo: basura, chatarra. Ahí estoy yo misma. La joven Medusa al cumplir quince años, la niña Medusa, caprichosa y bellísima... Basura, Perseo, recuerdos, objetos.   15 ¿Quieres verlos?

PERSEO

Sí.

(*El esclavo empieza a tocar dulcemente en su guitarra.*)

MEDUSA   20

En esta higiénica luz del sol no me pondré a llorar. Ahí atrás están las cocinas y huele a col y a chorizo. Por eso puedo abrir aquí esta caja.

(*La abre.*) Asómate y escoge. Yo te diré lo que todo es. Es decir, lo que todo fue.

(*Perseo está conmovido. Le besa la mano intempestivamente. Luego, saca un objeto: una muñeca vieja de trapo, muy estropeada.*)

5   MEDUSA

Ah, esta muñeca. Medusa tenía tres años, su madre había muerto hacía uno. Medusa era la menor de sus hermanas, la favorita, y éramos doce. ¡Doce! Pobre papá. De las doce nodrizas, la mejor era la mía, una negra. Esa vez, se le olvidó a todos mi cumpleaños y ella me hizo
10   este monigote, con trapos, lentejuelas y algunas piedritas preciosas.

PERSEO

Y con hilaza de oro para el pelo, muy fina...

(*Le sopla el polvo.*)

MEDUSA

15   No, con pelo de la pequeña Medusa, que lo tenía muy largo y lloró cuando se lo cortaron. (*Se ríe.*) ¿Sería presentimiento?

PERSEO

Con... ¿pelo tuyo?

MEDUSA

20   Sí. Yo tenía pelo, y no esto. Yo era... una niña... sana. (*Baja la voz.*) Una niña normal. Saca otra cosa.

(*Perseo saca una manzana de oro, abollada y sucia.*)

Medusa

Una manzana de oro. Crecían en la huerta. Yo las odiaba, porque todos hablaban del manzano de las Hespérides y nadie se acordaba de las Hespérides,[61] y menos de Medusa, la menor de todas. Con ésta me adornaron un pastel. ¿Ves? Todavía tiene pegotes de chocolate rancio. Mis hermanas y yo saqueábamos el huerto, robábamos manzanas para jugar a la pelota. Aquel bruto, Heracles, se robó una, y por ella empezó la guerra; Nana me contaba... pobre Troya.[62] Saca otro objeto.

(*Perseo saca una tela. Y es un vestido rasgado y polvoriento. Fue de gasa color de rosa, y aún tiene prendidas unas flores resecas.*)

Medusa

Mi vestido de quince años. Gran baile. Papá dijo un discurso horrible. Todas mis hermanas, muy cursis, de azul, y yo, rosa y dorado, con mi enorme pelo como una larga capota de oro. Estas rosas... (*Huele una, hace un gesto, la estruja y la vuelve polvo.*) Bailé como loca; un poeta anticuado dijo que parecía yo una flama, otro, que una potranca de cobre. En realidad, parecía yo lo que era: una muchacha muy bonita y muy feliz. Saca algo más.

(*Perseo saca una rata de piedra.*)

Medusa

Pobrecita. Ahí estaba una vez que me asomé sin mi tocado. (*Saca algo a su vez: una enorme y bella peineta de plata.*) Le faltan ya dos

---

61. **las Hespérides:** Según el mito eran tres hermanas, hijas de Atlas, que poseían un jardín cuyos árboles producían manzanas de oro. Estas frutas preciosas habían sido colocadas bajo la vigilancia de un dragón de cien cabezas. Heracles se encaminó al jardín, mató al dragón y se apoderó de las manzanas de oro, realizando así el undécimo de sus trabajos.
62. **Troya:** antigua ciudad del Asia Menor que sostuvo contra los griegos un sitio de diez años. Esta guerra fue causada por el rapto de Helena por Paris.

dientes. La gané en un concurso. (*Burlona.*) ¡Qué nostalgia, qué ganas de ponérmela! Eramos veinte muchachas, con el pelo de todos los colores y tamaños imaginables. A mí me daba a las corvas, pero había una lacedemonia[63] que lo arrastraba dos metros y medio detrás de sí,
5 negro y bruñido... Descubrieron que se lo untaba de aceite; estuvo a punto de ganar, pero las moscas empezaron a posársele. (*Se ríen los dos, alegremente.*) Pobre. Gané yo, con mi pelo precioso...

PERSEO

Pero... ¿cómo, Medusa, cómo?

10   (*El otro negro empieza a cantar, un lamento sin texto, como el cante jondo.*)[64]

MEDUSA

Atenea vio el concurso; me oyó pavonearme, probablemente. Yo estaba feliz, dije algunas tonterías, pero era natural: tenía diecisiete
15 años. Los dioses tienen envidia, Perseo. Los dioses no tienen límites, lo saben todo, la eternidad es suya, por eso envidian esa fiebre mortal de los mortales, la fiebre de un día de otoño en que te azota la cara una racha de hojas metálicas, la fiebre de un baile en que el muchacho más bello te besuquea y te aprieta toda la noche. El instante fugaz, pobres
20 dioses, es nada más nuestro. Ellos lo castigan así: la fiebre nos dura; contemplamos, tocamos, gozamos un objeto, o un instante, o un sucedido, interminablemente, porque son tan bellos... Los dioses no operan a saltos. Yo contemplaba mi cabellera, y toda mi atención y toda mi energía se las entregaba yo. Así tomó vida propia, y así la vi
25 engrosar, poco a poco, hebra por hebra; cada cabello se volvía independiente, y se erguía...Un día, en la punta de uno, vi dos ojitos... Lloró mi nana, y gritó, y cuando lo cortó con las tijeras brotó sangre, y el cabello se retorció y huyó, hasta esconderse en el jardín. Ella me inventó este tocado. Huí de la casa y en el viaje, en el barco, mi cabello

---

63. **lacedemonia:** persona nativa de Lacedemonia o Esparta, ciudad famosa de la Antigua Grecia.
64. **el cante jondo:** canto gitano de gran melancolía.

engrosaba y crecía. Cuando llegué a estas costas, su horror era ya el máximo. Me descubrí un momento y los pájaros cayeron al suelo como granizos deformes, como piedras. Y eso eran. Un marino que nadaba, se convirtió en estatua y se hundió con un chapoteo hirviente. Esta era yo: Medusa; ya no era una joven, ya no era una Hespéride. Encontré a las gorgonas, mis iguales. Así me dicen: la otra gorgona. ¡Pero ellas así nacieron, y yo no! ¡Y yo no!

(*Se cubre la cara, está llorando. Perseo también. Después ella se seca los ojos muy aprisa. Grita groseramente a los negros.*)

MEDUSA

¿Quieren callarse? (*La obedecen.*) Y tú, llévate este cofre.

(*Arroja dentro todos los objetos, de cualquier manera. Lo cierra de golpe. El esclavo sale cargándolo. Medusa le seca los ojos a Perseo con la punta de los dedos.*)

MEDUSA

¿Sabes? Eres el primer hombre en el mundo que llora por Medusa. Porque en la casa me maldijeron, y papá y las muchachas... renegaron de mí. No me escribieron nunca, ni una línea. Y echaron a nana de la casa. Anduvo mendigando mucho tiempo, con su nieto de la mano. Cuando por fin me halló, me temía más que a nada en el mundo; ya no le quedaba amor para mí, sólo miedo, porque en el camino le habían contado tantas cosas... (*Suspira.*) Voy a ver que coloquen bien mis muebles y a echarme agua en la cara. Con el llanto, los ojos se me ponen horribles. (*Sale.*)

Perseo queda en su lugar, viéndola. El negro toca algunos compases en la guitarra. Entra Acrisio.

ACRISIO

Un magnífico baño. Ese estanque sería delicioso si echaran fuera los cocodrilos. ¿Qué tienes? ¿No te repones todavía? Esta es la juventud de hoy.

PERSEO

No, no me repongo.

ACRISIO

Tengo hambre. (*Se asoma a la cocina.*) Mira qué esclavas, las jovencitas, brillan con el sudor. (*A los de adentro.*) ¿Qué hay en esos peroles?

ESCLAVA

(*Dentro.*) Potaje real.

ACRISIO

Muy bueno, muy bueno. (*Se oye un grito. Acrisio se ríe. A Perseo.*) A una gorda le cuelgan los senos hasta acá. Se agachó y metió la punta en la sopa. ¡Oíste el grito? (*A los de adentro.*) Yo no quiero sopa, ¿eh?

(*Risas en la cocina. El negro de la guitarra se acerca.*)

ESCLAVO

Oye, rey, mira. (*Enseña furtivamente unas tarjetas.*) Dibujos muy buenos. Dibujos de luna llena. Baratos.

ACRISIO

A ver. (*Carcajadas.*) Qué bueno está esto. ¿Tú los hiciste? Mira, Perseo.

(*Le planta una bajo las narices. Perseo hace una mueca y vuelve la cara. Llegan corriendo niños que venden cosas.*)

UN NIÑO

Flores, señor, flores para la novia.

OTRO NIÑO

Recuerdos auténticos, pulgas de piedra que picaron a Medusa.

OTRO NIÑO   5

(*Muestra un frasco con víboras en alcohol.*) ¡Cabellos de Medusa, cabellos de las gorgonas, auténticos!

PERSEO

¡Fuera de aquí!

(*Los empuja. Tira a uno que empieza a llorar y luego huye.*)   10

ACRISIO

¿Cuánto valen? (*Los dibujos.*)

ESCLAVO

Tú das lo que sea voluntad.

ACRISIO   15

(*Aleja un dibujo, lo aprecia.*) ¡Qué bueno es! Pero esto no es cierto, esto es... fantasía.

ESCLAVO

No. Cuando luna llena, gorgonas en brama. Buscan nosotros, y aquí grandes fiestas, todos nosotros, y ellas, muy alegres. ¡Grandes   20 novedades!

ACRISIO

Muy buenas.

(*Le da una bolsa de dinero. Ve los dibujos, excitado. Se ríe a veces.*)

ESCLAVO

5   ¿Quieres que cante, rey? Bonitas canciones, cuentan cosas, muy bonitas.

ACRISIO

Canta, pues.

PERSEO

10   ¡Ya dígale que nos deje en paz!

ACRISIO

No seas intransigente. Quiero oírlo.

ESCLAVO

(*Canta con su guitarra.*)

15   Voy a cantar de corrido[65]
la muy verdadera historia
de una joven bonita
con la maldad muy notoria.

A todos causaba espanto
20   con su melena infernal,
de piedra tenía los ojos,
la lengua de pedernal.

---

65. **corrido:** especie de jácara o romance que se canta con acompañamiento de guitarra en México.

Ay, Medusa, mi Medusa,
la luna salió una vez,
desde que te vio los pelos
peñasco es su redondez.

(*Perseo lo golpea. El otro tira la guitarra y huye.*)   5

ACRISIO

(*Severo.*) ¿Desde cuando se le pega a los esclavos con las manos?
¿Para qué tienes los pies?

PERSEO

Déjame en paz, abuelo. El mundo es un sitio lóbrego y corrupto.   10
Los dioses nos detestan y nuestros amores son sus venganzas. Uno
ama el bien, y lo acaricia, y lo adora, y así se vuelve un hipócrita; uno
ama su valor, y lo cuida, para volverse un asesino; uno ama su fuerza,
y sus músculos, y ellos crecen y se adueñan de uno, y lo vuelven una
mole de carne y sangre que traga y fornica; una joven ama su pelo...   15
(*Calla bruscamente. Ve al negro que se asoma.*) ¡Largo de aquí![66]

(*Le tira una piedra. El negro se esconde. Perseo se sienta con la cara
entre las manos. Acrisio se la descubre de un manazo.*)

ACRISIO

¿Y eso? ¡Lágrimas! ¿Por qué?   20

PERSEO

Porque no sé qué hacer, porque... ¡amo a Medusa!

(*Acrisio retrocede unos pasos, viéndolo.*)

66. **¡Largo**...!: ¡Fuera...!

ACRISIO

Sí, el mundo es un sitio lúgubre y torcido. Uno ama a su hija, y acaricia ese amor, y lo ve crecer y crecer; y un día vuelve y ella está ahí, una prostituta contigo entre los brazos. Y uno ama a este nieto contra
5   su voluntad, y ve que está corrompido y es un marica que llora porque le tiene una afición repugnante a las...bestias, a las medusas. (*Lo ase por el pelo, lo levanta.*) Voy a hacerte un hombre, jovencito equivocado. ¡Amas a Medusa! (*Escupe.*) Yo te voy a enseñar lo que es un rey.

(*Lo suelta con violencia y sale por la izquierda. Perseo toma el disco
10 y lo lanza contra el viejo que se aleja. Se oyen un grito y el desplome de un cuerpo. Perseo se queda inmóvil, incrédulo. Se acerca dos pasos.*)

PERSEO

Acrisio. Abuelo.

(*Cierra los ojos, con horror. Grita levemente. Le dan náuseas. Retro-
15 cede. Solloza. Los niños entran corriendo.*)

UN NIÑO

Se le salieron los sesos.

OTRO

¿Te acuerdas cuando mataron a la vaca?

20   (*Perseo se sienta. Quiere vomitar. Se cubre la boca, solloza. Una negra joven, con los senos descubiertos, se asoma por la cortina y repi-quetea un triángulo.*)

LA NEGRA

¡La comida está servida!

Telón

ACTO CUARTO

Terraza en las nuevas habitaciones de Medusa. Un atardecer gris, con sombras azules. Algunas nubes finas y horizontales, oscuras. El mar está al fondo, y todo el tiempo se oye su rumor cavernoso. Hay una balaustrada de mármol sobre el precipicio. La terraza sigue la curva del horizonte. 5
Hay pocos muebles: el sofá, cubierto por una gran tela metálica, a la izquierda, en segundo término. La estatua del niño a la derecha, al fondo. Una mesita, dos sillas esbeltas, a la derecha del centro. Las cortinas cuelgan a derecha e izquierda: a veces las mueve el viento.

1

Las dos Gorgonas están jugando baraja en la mesa. En el suelo, restos 10 *de una gran comida: huesos, cáscaras, etc. Para jugar, apuestan perlitas, diamantitos, pepitas de oro. Parecen nerviosas. Un silencio.*

EUNALA

Pago por ver.

ESTANAS 15

Tres ases.

EUNALA

Tú ganas. (*Se levanta. Va a ver el mar.*)

111

ESTANAS

¿Qué hacen?

EUNALA

El viene nadando desde el barco. Ella lo espera, sentada aquí abajo,
5 en las rocas.

ESTANAS

Estoy enojada. No le cobra un centavo por el hospedaje.

EUNALA

Y ahora que ya es rey, sería mejor tenerlo allá.

10 ESTANAS

¿Es rey?

EUNALA

Como mató a su abuelo... Toda la tripulación vino a rendirle
homenaje. Le pusieron una corona, y todo.

15 ESTANAS

Ah, por eso. Los oí muy disgustados, porque él se echó a llorar
cuando embarcaban el cadáver. Fue muy mal visto.

EUNALA

A otros les encantó. Les pareció un rasgo juvenil y tierno. ¿Quieres
20 jugar más?

ESTANAS

No. Te enojas porque siempre gano.

(*Han enrojecido las nubes. Las señala y se echa a reir nerviosamente.*)

EUNALA

¡Es verdad! ¡Se puso el sol!   5

(*Un esclavo se asoma por la balaustrada y las ve codiciosamente. Otro se asoma por otro punto. Ellas se codean, los señalan y sueltan risitas nerviosas. Su excitación empieza a aumentar desde este momento.*)

EUNALA

¿Qué nos ven? Es muy temprano.   10

ESTANAS

(*Risita.*) Ya no se aguantan.

EUNALA

En vez de estar ahí, ven y recoge el servicio.

ESCLAVO   15

(*Risotada.*) No, ama.

EUNALA

(*Enojada.*) ¿Cómo que no?

ESCLAVO

¡Desnudo, ama, todo! (*Se muestra hasta la cintura y desaparece.*)

(*También se va el otro. Carcajaditas nerviosas de las gorgonas.*)

ESTANAS

5   (*Se asoma.*) ¡Míralo, míralo! (*Restriega el vientre contra la bala-ustrada.*) Ya no tarda en salir la luna. Empiezo a sentirla.

EUNALA

Yo no. Es que eres muy sensible.

ESTANAS

10   ¡Sí!

(*Se tira sobre el sofá, se retuerce ahí un poco. Está oscureciendo. El cielo se apaga, y asoman algunas estrellitas.*)

ESTANAS

Esta tela es rica.

15   EUNALA

Esta tela... (*La toca.*) ¿Sabes cómo la hizo Medusa?

ESTANAS

No.

EUNALA

20   Es tan curiosa que guardó todas las pielecitas que mudaba, y puso

a las esclavas a coserlas. Le quedó muy bien. (*Se acaricia el cuerpo.*) Una vez me la prestó. Es muy sabrosa.

(*Dos negros entran a llevarse el servicio. Van a levantarlo. Se acercan mejor a Eunala y le frotan los muslos. Ella no los rechaza. Risitas de Estanas; movimientos.*)   5

EUNALA

(*Con voz cálida.*) No es hora. Recojan el servicio.

(*Lentamente la obedecen. Salen.*)

ESTANAS

¿No la sientes?   10

EUNALA

Sí. No ha de tardar en salir.

2

(*Entran Perseo y Medusa. El, envuelto en una toalla.*)

PERSEO

¿Quién ganó?   15

EUNALA

Estanas.

PERSEO

Pobrecita. (*La abraza por los hombros.*) Mañana ganarás tú.

MEDUSA

Oscureció.

(*Ya hay muchas estrellas. Salta Perseo a la balaustrada.*)

PERSEO

5   ¿Qué estrella quieres, Medusa? Las alcanzo todas.

MEDUSA

¡Aquélla!

(*Perseo hace el gesto de cortarla. Baja de un salto, con una chispa entre los dedos.*)

10   ESTANAS

¡De veras la cortó!

EUNALA

No, tonta. Es una luciérnaga.

(*Medusa la toma, se la acerca a la cara, la besa. Se la sujeta sobre*
15   *el corazón.*)

PERSEO

Póntela.

EUNALA

Yo tengo un alfiler.

20   (*Se lo da. Medusa quiere prenderla en su pecho. La luciérnaga se*
apaga.)

MEDUSA

(*Consternada.*) ¡La maté!

PERSEO

No importa, hay muchas. Voy a vestirme. (*Sale.*)

3

ESTANAS

¡Hoy es luna llena, Medusa!

(*Un silencio. Medusa ve al mar.*)

MEDUSA

Enfrió mucho la tarde.

PERSEO

(*Dentro.*) ¡Quisiera un vaso de aguardiente! ¡Hace frío!

EUNALA

(*A Perseo.*) Yo tengo una jarra de aguardiente de azahar.

PERSEO

(*Dentro.*) Tráela.

ESTANAS

Oyelo. Ya ordena como un rey.

PERSEO

(*Dentro.*) Está muy oscuro. No veo nada.

MEDUSA

Llama, para que traigan antorchas.

5   EUNALA

Hoy nadie obedece. Todos esperan la luna.

(*Suena adentro un gong, dos veces.*)

ESTANAS

(*Viendo a la derecha.*) ¡Ya encendieron las hogueras! ¿Los ves?
10 ¡Empiezan a reunirse! ¡Cómo tarda la luna! ¡La siento, la siento! (*Se mueve, con pasos de baile.*)

(*Suena otra vez el gong. Se asoman tres caras por la balaustrada. Se ríen y desaparecen.*)

ESTANAS

15   No ha de tardar. ¿La sientes, Medusa?

MEDUSA

No siento nada.

EUNALA

¡Está llorando! ¡Mira, Medusa llora, con lágrimas!

ESTANAS

Qué curioso. Una vez lloré, porque una esclava me echó en los ojos un puño de sal.

EUNALA

Voy a buscar el aguardiente. (*Confidencial.*) Perseo es muy guapo. 5
¿Dónde vamos a poner su estatua?

ESTANAS

¿En la entrada principal? No tenemos la estatua de ningún rey.

MEDUSA

Ve por el aguardiente. 10

ESTANAS

Vamos. Quiero ensayar algunos pasos de baile.

(*Salen las dos.*)

4

Medusa queda sola, con mucho frío, viendo y oyendo al mar. Entra la esclava vieja y achacosa, muy despacio. Trae flores entre las manos. 15
Se queda esperando órdenes. Medusa la siente, se vuelve:

MEDUSA

Ve a encender las antorchas, nana.

(*Ella deja las flores en el sofá. Sale. Empiezan a oírse, lejos, unos tambores. Se hace luz a la izquierda. Vuelve a entrar la vieja, toma sus flores.*)

MEDUSA

5   Nana, estoy muy triste.

(*Ella retrocede.*)

MEDUSA

No me tengas miedo, nana.

(*Ella retrocede. Medusa se aleja de ella. La vieja va y coloca las*
10   *flores a la estatua: una corona, y algunas a los pies.*)

MEDUSA

¿Quieres llevártela a tu cuarto? La estatua de tu nieto me pone triste. No huyas, nana.

(*Ella se va, tan aprisa como puede.*)

5

15   *Entra Perseo, regiamente vestido.*

PERSEO

¡Se fueron! Me alegro. (*Va a ella.*) Estás triste.

MEDUSA

¿Cómo lo sabes?

PERSEO

Desde hace rato siento aquí, sobre el estómago, una gran opresión. Te quiero.

MEDUSA

Ya lo sé. Te quiero.   5

PERSEO

Soy muy feliz. Ahora voy a estrechar tus manos. (*Lentamente acercan sus manos. Se las estrechan, palma con palma.*) Ahora voy a besarte. (*La besa. Ella se retira rápidamente, pero no se sueltan las manos.*) Siento tu sangre entre mis dedos. Lates.   10

MEDUSA

Empiezo a dejar de estar triste. (*Reflexiva.*) Porque en algún sitio, un muchacho besa a una mujer. Estoy sintiéndolos. En cada latido tuyo, estoy sintiéndolos.

PERSEO   15

Yo también. Y en algún sitio, una joven esposa besa a su esposo. Estoy sintiéndolos, vienen en tus manos.

MEDUSA

Siento un parque boscoso. Hay muchas parejas. Hay muchos parques.   20

PERSEO

Hay muchas casas: de ladrillo, de mármol, de metal y de piedra, de palmas, de bejucos. Tienen cerradas las puertas. Y en cada una, en este instante, están cayendo ropas al suelo. Veo los muslos desnudos, y los senos, y la curva tenue y abullonada de los vientres.   25

MEDUSA

Veo los muslos, y el vello de los pechos, y la curva musculosa de los vientres. En este momento, han quedado desnudos.

PERSEO

5   Siento un círculo. Siento que la Tierra es redonda. Y está llena de parejas que en este instante, en este mismo instante, se preparan a un ataque, como parejas de enemigos, pero ya saben quién va a sucumbir.

MEDUSA

(*Grita.*) Estoy sintiéndolas, no puedo contarlas. Siento en la espalda
10   un lecho de lona, y uno de tablas, y uno de plumas, y uno de yerbas; son demasiados, estoy sintiéndolos. Siento el roce de sábanas, de pieles, de lanas. Huelo el sudor, huelo muy cerca un aire caliente que viene directamente de los pulmones, recién lavado por la sangre; un aire rojo, que me llena la boca y se me cierra sobre ella como un gran círculo
15   ecuatorial y me acaricia la lengua con la intimidad de una entraña, con la ternura de un animal doméstico.

PERSEO

¡Estoy sintiéndolo! Y oigo un grito que en este mismo instante brota con la velocidad fulminante de una planta en el tiempo de los
20   dioses, disparada a las grutas del aire, con violentos estallidos de flores que escupen un polen denso.

MEDUSA

¡Estoy sintiéndolo!

PERSEO

25   Y todo, todo, todo tiene un nombre que es imposible decir más que así, cara a cara.

MEDUSA

Estoy oyéndolo: cada sílaba está erguida como una espada.

PERSEO

Tres sílabas, rendidas.

MEDUSA 5

Tres sílabas.

(*Quedan viéndose; se besan. Se estrechan.*)

PERSEO

Medusa.

MEDUSA 10

Perseo.

(*Un gran alarido, lejos, y aumentan los tambores. Entran corriendo las gorgonas.*)

6

EUNALA

¡Ya viene la luna! 15

ESTANAS

Miren allá, una luz roja. Se encendió, de repente.

EUNALA

Siento como sube. Es un globo que sueltan, de repente.

ESTANAS

Una gran bola encendida, de vidrio esmerilado.

5   MEDUSA

Una rueda carcomida que se quema en su propia putrefacción.

EUNALA

Aquí está el aguardiente.

(*En el fondo, un leve resplandor rosa se levanta. Eunala toma en la*
10   *botella. La pasa a Estanas, que bebe.*)

ESTANAS

Así va a sentirse cuando salga, un gran trago caliente y perfumado.
¡Miren, brilla más! (*Empieza a mover el vientre y a dar pasos de baile*
por la terraza, con la botella en la mano.)

15   EUNALA

Dame, no lo riegues. (*Bebe.*) Toma, Medusa.

(*Medusa bebe. La tiende a Perseo.*)

PERSEO

Así no. Bebe tú.

20   (*Ella bebe. El toma el trago de la boca de ella. Un alarido de Eunala.*)

EUNALA

¡Ya brilla más!

(*Estanas grita y se sacude.*)

MEDUSA

¡Van a verse los bordes!   5

(*Gritería, lejos, y golpes de gong.*)

PERSEO

(*Toma un gran trago.*) Toma, Medusa. (*Toma otro trago, lo guarda en la boca para pasarlo a la de ella, lentamente.*) ¡Abuelo, bien muerto estás! ¡He soñado contigo todas las noches, te he visto en tu trono, con tu   10
corona de sangre y sesos, te he visto caminar con los ojos en blanco[67]
y la boca abierta, y no me ha importado nada, porque soy muy feliz!
(*Bebe hasta el fin y estrella el frasco.*) Medusa: ¡Soy un rey! ¡Quiero mis armas! (*Se precipita al interior.*)

(*Estanas baila. Medusa y Eunala llevan el compás con palmadas*   15
y gritos. Vuelve Perseo, ebrio, con la espada, el casco y el escudo.)

PERSEO

¡Desterraré a los dioses de mi reino! ¡Son detestables! (*Salta a la balaustrada y agita la espada.*) ¡Atenea, soy más que un héroe! ¡Soy un hombre borracho y feliz!   20

(*Enorme alarido lejos, con golpes de campana, de triángulo, de gong, de cencerro, con los tambores muy altos. Estanas y Eunala gritan, Medusa también.*)

---

67. **los ojos en blanco:** volver los ojos dejando ver lo blanco.

EUNALA

¡Se asoma el borde, ahí está, ahí está!

(*Dos negros entran aullando y se llevan en brazos a las gorgonas. Perseo tira las armas, salta y toma en sus brazos a Medusa. La arrastra al sofá, se echa sobre ella, besándola. Están solos. De pronto, un gran silencio. Empieza a verse el borde rojo de la luna, que sube constantemente.*)

7

MEDUSA

(*Grita.*) ¡No!

(*Y se separa, retorciéndose. El trata de acercarse y ella lo amenaza con la espada.*)

MEDUSA

¡No! Ahora voy a irme, y no me seguirás.

PERSEO

¿A irte?

MEDUSA

Mira la orilla del mar. ¿Los ves? Ya principiaron. Mañana habrá más rocas en esta orilla, habrá nuevas estatuas. Hasta mañana, Perseo.

(*El le quita la espada. La arrastra al sofá.*)

MEDUSA

Déjame, idiota, déjame, amor mío. ¡Amor mío!, imbécil ¿no lo ves? (*Lo empuja, se incorpora a medias; está en el suelo, junto al sofá, llorando y gritando.*) Es todo, no es sólo el cráneo, es todo, todo el cuerpo. ¡Mis axilas, son dos cuevas pequeñas de reptiles; en la sombra de mi vientre hay puntitos menudos que brillan, y miran! ¡No te acerques! Oye el silencio. Ha empezado todo. Mis amigas se revuelcan en la arena, con las carnes frescas y los ardores húmedos. Y ya cerca del alba, habrá esclavos que querrán volverse piedras con tal de tenerme por un momento. ¡Déjame ir! ¡Déjame ir, Perseo! ¿No te das cuenta? ¡Soy Medusa, idiota, soy Medusa! ¡La luna llena sube y estoy en brama!

(*Perseo levanta la espada.*)

MEDUSA

¡No vayas a verme después, amor! ¡No vayas a verme después, amor! ¡No vayas a...!

(*Se ha cubierto a medias con la tela metálica, como si no quisiera ver el golpe. La espada cae, y suena un alarido de Perseo, como si fuera el de ella misma. El se queda inmóvil, como una estatua. Después, lentamente, alza el escudo, y guiándose por el reflejo, ve al suelo, busca a tientas. El tronco de Medusa está ahí. La cabeza debe de haber rodado. El levanta el tocado vacío. Y en el reflejo, ve. Grita, cierra los ojos. Después:*)

PERSEO

(*Murmura.*) ¿Eras así? ¿Eras así? Y sin embargo, te amo.

(*La luna, entera, ha subido ya. Perseo rasga la tela con su espada sangrante. Envuelve la cabeza, y la estrecha contra su pecho.*)

PERSEO

Y sin embargo, te amo.

(*Empieza a aullar lúgubremente. Se interrumpe.*)

PERSEO

¿Quién grita así? ¿Eres tú?

(*Vuelve a aullar. Sale, despacio. En la terraza queda el tronco de Medusa, sangrando interminablemente, anegando todo.*)

Telón

ACTO QUINTO

Salón de ceremonias en el Palacio de Polidecto. A la izquierda, dia-
⁵ *gonalmente, desciende una escalinata muy amplia, que llega casi hasta el centro. Enfrentándola, a la derecha, en primer término, el estrado del trono, con dos sitios sobre varios escalones. Al fondo, el aire libre y el cielo, los techos de algunos edificios, palomas revoloteando, todo enmarcado de trecho en trecho por columnas.*
¹⁰ *Hay alfombras, hay flores desparramadas, hay colgaduras que descienden del altísimo techo, hay guirnaldas de flores por todas partes.*

1

Es de mañana. La escena vacía. Del fondo, avanza lentamente Andrómeda,[68] *viendo todo con curiosidad. Es fina, más delicada que bonita, más joven que Perseo. No hay nadie más. Siguiéndola respetuosa-*

---

68. **Andrómeda** (*mit.*): hija de Cefeo, rey de Etiopía. Perseo la libró de ser devorada por un monstruo marino y la tomó por esposa.

mente, entran dos hombres mal encarados; que nunca envainan sus espadas.

PRIMER HOMBRE

Parece que no hay nadie.

SEGUNDO HOMBRE   5

Esta noche hay una gran celebración, algo muy complicado, y están ensayando.

PRIMER HOMBRE

(*Con reproche.*) Deberían haberlos recibido con grandes honores, al señor y a usted.   10

ANDRÓMEDA

No saben que llegamos.

(*Entra y baja corriendo un grupo de gente, con trajes de gala y máscaras en las manos. Un maestro los guía.*)

EL MAESTRO   15

(*Desesperado.*) Así no, así no. Qué falta de gracia. Deben entrar despacio, no corriendo. (*Grita.*) Y en orden, sin empujarse. Y van a situarse en sus lugares, uno y uno. (*Fanfarria lejos.*) ¿Oyen? La ceremonia nupcial terminó en este instante, la coronación es esta noche y ustedes bailan y se mueven como un rebaño de vacas. ¿Y tú? ¿Qué 20 haces ahí parada, sin máscara ni...?

(*No acaba: uno de los dos hombres le da un golpe y lo tira al suelo.*)

PRIMER HOMBRE

De rodillas, animal. Esta es la reina de Argos, no una de tus vacas.

ANDRÓMEDA

Déjalo, no sabe.

SEGUNDO HOMBRE

No, señora, pero que aprenda. (*Grita.*) ¡De rodillas todos!

5   (*Lo obedecen. Entra Perseo, vestido como un rey, con un cofrecillo bajo el brazo.*)

2

PERSEO

¿Y esto? ¿Es la plegaria de la mañana, o qué?

PRIMER HOMBRE

10   No, señor. (*Saluda.*) Es que no sabían que la señora...

PERSEO

Déjalos en paz. A nadie avisamos nuestra llegada. (*A los postrados.*) ¿Dónde está mi madre? ¿Qué ocurre? ¿No me reconocen? Ah, ustedes dos, levántense. ¿Qué sucede?

15   (*Hermia y Alejandra se levantan.*)

HERMIA

Ay, joven, nos da tanto gusto que haya llegado a tiempo. Su mamá va a estar feliz.

PRIMER HOMBRE

Deja este tono íntimo y habla con más protocolo. Te diriges a un rey.

HERMIA

¿Es cierto, entonces? (*Reverencia.*) ¡Señor, que mi humilde home-   5
naje sea el primero...!

PERSEO

¿Dónde está mi madre?

HERMIA

Acaba de terminar la boda. Estamos ensayando para la coronación   10
de esta noche.

PERSEO

¿La boda? ¿Polidecto y ella?

ALEJANDRA

¡Sí, señor! ¡Una boda preciosa!   15

PERSEO

El sorpresor, sorprendido. (*A Andrómeda.*) ¿Qué te parece? (*A todos.*) ¡Déjennos solos!

(*Salen todos, menos los dos hombres.*)

PERSEO   20

Ustedes también, ¿qué esperan?

SEGUNDO HOMBRE

En estos palacios, nunca se sabe.

PRIMER HOMBRE

Aquí cerca estamos, por las dudas.[69]

5   PERSEO

Tú, avisa que no descarguen más que los regalos. Nos vamos al amanecer. Tú, quédate cerca.

(*Salen los dos hombres.*)

3

ANDRÓMEDA

10   (*Tierna.*) Esposo.

PERSEO

(*La ve. Ausente:*) Esposa.

ANDRÓMEDA

Debimos haber avisado. ¿Le gustaré a tu madre?

15   PERSEO

Eres princesa. Cualquier princesa le gustaría.

---

69. **por las dudas:** por si nos necesita.

ANDRÓMEDA

Debía casarse, no te disgustes con ella.

PERSEO

No estoy disgustado. Pero Argos está sin gobierno desde hace más de doce décadas. Debimos haber ido allá, en vez de hacer este viaje sin   5
objeto.

ANDRÓMEDA

Bueno, en vez de reina madre será reina. Es mejor para ella, ¿no?

PERSEO

Naturalmente.   10

ANDRÓMEDA

Mírame a la cara. Tienes los ojos duros. Ya siempre te veo duros los ojos. Dame las manos. (*Se las toma, palma con palma.*) Te siento latir entre mis dedos.

PERSEO   15

Naturalmente. Está corriendo mi sangre, ¿no? (*Se desase. Va al fondo.*) Hay una multitud en las calles. Están abriéndose las puertas del templo.

(*Gritería. La música de una marcha nupcial.*)

PERSEO   20

Ahí vienen. Qué ceremonia más ostentosa. ¿Te habría gustado que nos casáramos así?

ANDRÓMEDA

No. Me gustó mucho nuestro matrimonio. Ningún altar será tan solemne como las velas de tu barco, ningún sacerdote oficiará tan dignamente como el capitán de tu barco. Soy muy feliz.

PERSEO

Me alegro. Tengo planes. (*Se sienta.*) ¿Has pensado en las enormes riquezas naturales que tenemos en el reino?

ANDRÓMEDA

Nada más he pensado en ti y en mí. Te quiero, Perseo.

PERSEO

Hay fuentes de brea, bosques de platanares y de naranjos. (*Va al fondo.*) Aquí están ya. La multitud les estorba, pero el ejército la aleja a golpes. Déjame verte. Deberías tener puesto tu manto.

ANDRÓMEDA

Esto me pareció más propio para ver a tu madre.

PERSEO

Eres una reina, ¿no?

(*Da dos palmadas. Entra el primer hombre, obsequioso.*)

PRIMER HOMBRE

Ya mandé pedir el manto, señor.

(*Vuelve a salir.*)

PERSEO

(*Buscando el efecto*.) Quisiera saber por dónde van a entrar.

ANDRÓMEDA

¿Qué traes en ese cofre?

PERSEO   5

Déjalo.

ANDRÓMEDA

No has querido soltarlo ni un momento.

PERSEO

No.   10

(*Entran corriendo los dos hombres. Uno trae el manto de Andró-meda.*)

PRIMER HOMBRE

Aquí está el manto. Vienen por este lado.

PERSEO   15

Bueno, póntelo. Y vamos a colocarnos... aquí.

(*En lo alto de la escalinata.*)

ANDRÓMEDA

(*Abrochándose el manto.*) No es así como quería conocerla.

(*Los dos hombres acomodan las telas de la pareja, y hacen guardia unos escalones más arriba. Entran Dánae, Polidecto y un pequeño cortejo. Se acerca la música.*)

4

DÁNAE

5   No puedo más. Las sandalias me aprietan, este collar pesa dos toneladas. Que me preparen un baño y... (*Ve a la pareja.*) ¿Qué hacen ahí esos dos? (*Da un grito.*) ¡No! ¿De veras es él? ¡Hijo!

(*Con torpeza, por sus vestiduras, sube corriendo a abrazarlo. Se estrechan. Dánae empieza a llorar, sin soltar a Perseo. Polidecto se les*
10   *acerca, sonriendo.*)

POLIDECTO

No debiste hacer esto. Tu madre no va a parar de llorar en todo el día. Me alegro de tu llegada, porque estarás en la coronación. Es esta noche. Cuando te suelte tu madre, quiero abrazarte. Ya eres un
15   hijo mío. Es más, eres mi heredero, mientras tu madre no tenga el nuevo hijo que deseamos.

PERSEO

Esta es mi esposa: Andrómeda, reina de Argos.

POLIDECTO

20   Esto es una...verdadera sorpresa. ¿Oíste, Dánae? Se casó Perseo.

DÁNAE

¿Quién se casó?

PERSEO

Esta es mi esposa, mamá.

DÁNAE

¡No! Perseo, eres muy joven para haberte casado. Esta muchacha
parece mayor que tú. ¿Quién es?

PERSEO

¡Mamá! No soy un niño, soy un rey. Y ella una reina. Está esperando la cortesía de ustedes dos.

ANDRÓMEDA

No, señora. Estoy esperando... un beso de bienvenida.

DÁNAE

Perdóname, hija. Es la sorpresa. ¿Cómo te llamas?

ANDRÓMEDA

Andrómeda.

DÁNAE

¡Andrómeda! ¿No te había devorado un dragón?

ANDRÓMEDA

No. Lo mató Perseo.

DÁNAE

Llegan tan atrasadas las noticias. La última información decía que

habías insultado a Atenea, ¿era cierto? y que iban a castigarte ama-
rrándote en una roca...

POLIDECTO

Señora, éste, un beso de bienvenida, y éstos, los brazos de un padre.

5   DÁNAE

Debiste haberme avisado. ¿Cómo se te ocurre llegar de improviso
con esta mujer? Hija mía, nos iremos conociendo, nos querremos. (*La
besa.*) Sé bien venida. Hijo, ¿ya te coronaste?

PERSEO

10   (*Seco.*) No. Vine antes aquí, para llevarte conmigo, para que
entraras como reina al reino que fue de tu padre.

DÁNAE

(*Conmovida.*) ¿Lo oyes, Polidecto? Antes que en nada, pensó en
mí. Eso te honra, hijo, y me conmueve. (*Se seca las lágrimas.*) Pero ya
15   no puedo irme. Ya me casé.

PERSEO

Eso veo. Felicitaciones.

POLIDECTO

Gracias, hijo.

20   (*Se acerca tímidamente el maestro. Se arrodilla junto al grupo. Nadie
le hace caso.*)

DÁNAE

Voy a llamar a los poetas para que les cuentes cómo mataste a esa horrible gorgona, y a mi padre. (*Dos palmadas.*) Hermia, Hermia, llama a los poetas, ¡corre! (*Hermia obedece.*) ¿No has visto a Atenea?

PERSEO   5

No.

DÁNAE

Te tengo un recado de ella. Y tengo tanto que contarte. Pero quiero oir todo lo que hiciste, con calma. Ah, y también mataste a ese dragón, al tuyo, ¿cómo se llamaba?   10

ANDRÓMEDA

(*Sonriente.*) No tenía nombre. Tenía siete cabezas.

DÁNAE

Sería más bonito que hubiera tenido un nombre. Les diré a los poetas. ¡Siete cabezas! ¡Hijito! (*Lo besa.*) Es un héroe, y un rey. ¡Qué   15 satisfacción para una madre! (*A todos.*) ¿Oyeron?

TODOS

Sí, señora.

(*Se tropieza con el maestro.*)

DÁNAE   20

¿Y tú? ¿Qué haces aquí?

MAESTRO

Señora, los ensayos. Nadie sabe su sitio para la ceremonia. Si no seguimos ensayando, la coronación va a salir[70] horrible.

DÁNAE

5   Pues sigan, ¿quién se los impide?

MAESTRO

(*Desolado.*) Son ustedes quienes ensayan.

POLIDECTO

Muy cierto. ¿Quieren vernos?

10   ANDRÓMEDA

Sí, señor.

POLIDECTO

Mañana, Perseo, discutiremos los grandes asuntos. Debemos firmar un tratado. Ven, Dánae.

15   (*Flacos, dignos, irrespetuosos, levemente estrafalarios, entran los tres poetas, precedidos por Hermia.*)

HERMIA

Aquí están estos poetas, señora. No hallé a los demás.

DÁNAE

20   Gracias a los dioses. Los demás, son cerca de cuatrocientos. Con

70. **salir**: resultar.

estos basta. Amigos míos, éste es Perseo, ¿se acuerdan de él? Se ha vuelto héroe y monarca. Será necesario que lo entrevisten para que escriban una larga... ¿«Persea», «Perseida» o «Persíada»?[71] ¿Cuál sería el nombre? (*Por lo bajo.*[72]) Trataré de escaparme de ese horroroso ensayo. Espérame aquí. (*Alto.*) Esposo, estoy lista. 5

POLIDECTO

(*Al maestro.*) Que principie el ensayo.

(*Gran golpe de orquesta.*)

EL MAESTRO

¡No, no! ¡Silencio! Nada más con un arpa. La orquesta después. 10
Ahora, por favor, al adoratorio. Después a la antesala, para terminar en esta escalinata. Los enmascarados no se alejen mucho de aquí, listos para el final.

(*Salen todos; Dánae haciendo señas de «volveré». Quedan Perseo, Andrómeda, los poetas y los dos hombres armados.*) 15

5

PRIMER POETA

Señor, ya conozco la historia y es lo que importa menos. Quisiera ir a lo esencial.

PERSEO

¿Es la historia lo que importa menos? 20

71. **«Persea», «Perseida» o «Persíada»**: poema épico que podría escribirse sobre Perseo al igual que «La Eneida» de Virgilio fue escrita sobre Eneas, príncipe troyano. Algunos de los escritores que contaron la historia de Perseo son: Herodoto, Hesíodo, Homero y Ovidio.
72. **Por lo bajo**: En voz baja.

LOS TRES POETAS

¡Naturalmente!

SEGUNDO POETA

5 Teniendo los incidentes mayores, reconstruiremos los detalles, daremos el tratamiento de acuerdo con nuestra experiencia personal y directa...

PERSEO

Que será muy distinta de la mía.

TERCER POETA

10 Una experiencia es diferente para cada uno que la oye, y es auténtica sólo para cada uno que la vive. Nosotros deberemos volverla auténtica para todos. Yo quisiera saber: ¿cuáles son los sentimientos después de cada hazaña? Digamos, al día siguiente.

PERSEO

15 Varían, según de qué hazaña se trate: la primera, la segunda, la tercera...

PRIMER POETA

Después de la primera. Fue, ¿la muerte del rey Acrisio?

PERSEO

20 Da lo mismo cuál fue. Después de la primera quedan náuseas, llantos; después, pequeños y oportunos huecos en la memoria, en que sólo se piensa en comer, en sentir el sol, en orinar... Entre estos huecos, ratos de llanto y depresión.

PRIMER POETA

¿Y después?

PERSEO

¿Después? No sé. Si el amor rondara, el amor borraría todo, y
a los dos o tres días habría un júbilo feroz y una gran libertad.   5

PRIMER POETA

Aun sin amor alguno, así ocurriría. Y de haberlo, no alteraría el
curso de la historia. (*Toma notas.*)

SEGUNDO POETA

Y después de la segunda hazaña, ¿qué sensaciones?   10

PERSEO

Un gran lapso de tinieblas, maravillosas tinieblas. Nada: ni sol,
ni hambre, ni cuerpo.

SEGUNDO POETA

¿Por cuántos días?   15

PERSEO

No sé. Después, una mañana, suena el chillido de un pelícano,
llega un olor a papas fritas, a pescado y aceite. Uno descubre que vive,
y camina por el barco y siente que el sol le lastima los ojos, pero no se
los hace llorar. No come hasta el día siguiente, pero entonces descubre   20
que lo hace con muy buen apetito. Tres o cuatro días después, al oir un
chiste obsceno de los marinos, uno sonríe. Entonces, ya está casi listo
para la siguiente hazaña.

TERCER POETA

¿Y cuál será ésta?

PERSEO

Cualquier cosa, cuanto más peligrosa, mejor. Un dragón del bando
5   de los dioses ataca a una muchachita: uno salta sobre el lomo escamoso,
corta una cabeza, dos, le saca los ojos a otra, es golpeado por la cuarta,
y sus marinos lo ayudan con las demás. La sangre es caliente, salta sobre
uno como el chorro de una manguera, pero no lo hace invulnerable.
Y uno se casa con la joven, porque... porque así debe ser; ella es la
10   víctima de Atenea y hay algo en ella, hay algo... (*La ve.*)

TERCER POETA

«La joven», ¿es la señora?

ANDRÓMEDA

Soy yo. Lo amé en seguida, y al verlo sobre el lomo del dragón,
15   dejé de temer. Cuando llegó a mí, estaba rojo y humeante, sólo sus ojos
no estaban cubiertos de sangre espesa.

TERCER POETA

La imagen del héroe.

PRIMER POETA

20   Muy incompleta todavía.

TERCER POETA

¿Hubo algún oscurecimiento mental después de la tercer hazaña?

PERSEO

Ninguno. Una leve depresión el día de la boda. Después, algunos
25   arranques extemporáneos de ternura. Fue todo.

TERCER POETA

(*Anota.*) El—heroísmo—crea—hábito. ¿Y despúes de la cuarta hazaña?

(*Entra furtivamente Dánae. Los ve, complacida.*)

PERSEO

No sé. No la he cometido aún.

SEGUNDO POETA

Habrá que esperar. ¿Siente alguna relación íntima con las hazañas realizadas?

PERSEO

Cada hazaña es una imagen heroica, y ha habido en ella alguna forma torcida y sedienta de amor. Cada hazaña es un rasgo mío. Yo soy mis hazañas.

SEGUNDO POETA

Según eso, sería usted actualmente un poco de su abuelo muerto, un poco de Medusa muerta, un poco de la sangre del dragón.

PERSEO

No se me había ocurrido. Es probable. (*Ve a Dánae, que le hace señas de «que se vayan». Se yergue.*) Y es todo.

PRIMER POETA

No, no es.

(*Se inclina. Se inclinan los otros dos. Salen los tres poetas.*)

6

Dánae se acerca a los jóvenes.

DÁNAE

Dioses, qué aburrición. Me habría gustado oir tus historias. Ahora,
hasta la antesala vuelvo a hacer algo. Esta noche quiero meter los pies
5   en agua caliente y que te sientes junto a mí, y que hablemos de tonterías.
Nada triste, nada de hazañas ni de reinos. Tú y yo, solos.

PERSEO

Tú te has casado. Yo también.

DÁNAE

10   (*Melancólica.*) Es verdad, hijo. Entonces, supongo que ya no podre-
mos hacer eso en mucho tiempo.

PERSEO

¿Quieres ver tus regalos? (*Da dos palmadas.*)

DÁNAE

15   ¿Me traes algo?

ANDRÓMEDA

Los dos le traemos, señora.

DÁNAE

Qué buenos son. (*Triste.*) Perseo, creo que ya no eres como antes.
20   Pareces un rey.

(*Entran los esclavos cargando objetos.*)

PRIMER HOMBRE

Los presentes. (*Señala con la espada.*)

(*Entra corriendo el maestro.*)

EL MAESTRO   5

Por aquí, por aquí. Recuerden, sin empujarse. Una, dos, id.

(*Empieza a oirse el arpa. Entran las primeras parejas y toman sus sitios en la escalinata. Seguirán entrando parejas incesantemente. El maestro sale corriendo. La escena al pie del trono no se ha interrumpido.*)

DÁNAE   10

¿Qué hay aquí? ¿Una alfombra?

(*El primer hombre la extiende.*)

ANDRÓMEDA

Es la piel del dragón. Las escamas son de plata y de bronce.

DÁNAE   15

Está preciosa. ¿La habrán curtido bien? Huele un poquito. Hijo, no estés así. Yo no podía negarle mi mano a Polidecto. Nos ha hospedado casi veintidós años, y tu padre... bueno, tu padre no ha vuelto a recordarme y... Hasta los dioses envejecen. Ya no sería lo mismo con él. Polidecto es un hombre muy fino. Cuando se supo que habías matado   20 a mi padre, yo pensé en la conveniencia de unir los dos reinos. No pude consultarte, y está tan lejos Africa...¿Verdad que no hice mal? (*Espera una respuesta.*) ¿Qué más me trajiste? Me gusta mucho tu esposa. (*La acaricia.*) Es muy bonita, y muy dulce. Iré a visitarlos si no... ¿Sabes? No. Te lo diré después. ¿Qué hay en esa caja?

PERSEO

El tesoro de las gorgonas. Cuando mis hombres supieron que había
5 muerto Medusa, lo saquearon. Hirieron a una de ellas.

DÁNAE

Qué bueno. Esos monstruos horribles. Verás, Polidecto va a ser un buen padre. No sólo para ti, sino... en caso de que tengamos un heredero. Digo, otro heredero.

10 PERSEO

¿A tu edad?

DÁNAE

(*Enojada.*) Sí, a mi edad. No soy una vieja. ¿Tú crees que soy una vieja?

15 ANDRÓMEDA

No, señora. Es usted bella y joven.

DÁNAE

¿Ya ves? ¿De qué te ríes? Perseo, estoy encinta. (*Quiere borrar la impresión.*) Me habría gustado decírtelo en mejor momento, pero eres
20 un grosero. (*Humilde.*) Tuvimos que precipitar un poco la boda. No me mires así. Hay cosas que... son naturales, ¿no hijo? Hay cosas... La vida, tú sabes, ya eres un hombre. Tu hermanito... ojalá sea varón. Perseo, no seas egoísta.

PERSEO

(*Alzando la voz, con gestos atroces, dominándose.*) No soy egoísta, mamá. He viajado mucho y estoy cansado. En ese otro cofre está la dote de Andrómeda. Te la trajimos a ti.

(*Polidecto viene ya bajando la escalera, enmascarado y coronado.*)   5

7

DÁNAE

Eres muy tierno. Espero no haberte herido. Espero que sepas querer y respetar a Polidecto.

PERSEO

Sabré, ten la certeza. Sabré.   10

DÁNAE

¿Y en esta cajita? (*Se la arrebata.*)

PERSEO

(*Grita.*) ¡No la abras!

DÁNAE   15

(*Grita. Luego:*) Perseo, me asustaste. (*Le devuelve la caja.*) ¿Qué es? ¿Una sorpresa?

(*Se asoma el maestro.*)

MAESTRO

Ps, ps, señora. Majestad.   20

POLIDECTO

Esposa, ve a tu sitio.

DÁNAE

5 Ya te veré luego. Perseo nos trae muchos regalos, mira, una piel de dragón, todo esto. (*Va saliendo.*) Dios mío, nunca voy a aprenderme los pasos.

8

POLIDECTO

Será opoituno desplegar estos trofeos a la hora de la coronación. Y mañana, deberás mostrarlos al pueblo.

10 PERSEO

Mañana no estaremos aquí. Nos vamos al amanecer.

POLIDECTO

Imposible, Perseo. Tengo mucho que hablarte.

PERSEO

15 Lo escucharé en mi próxima visita.

POLIDECTO

Son cosas que no esperan. Tenemos tratados que firmar, pactos que convenir. Temo que no te has dado cuenta de lo que es ser gobernante.

PERSEO

Es posible.

POLIDECTO

Y soy depositario de un mensaje de Atenea.

PERSEO 5

¿Usted?

POLIDECTO

Yo y tu madre. Atenea está contenta, espera la cabeza de Medusa. Debemos organizar la gran ceremonia en que se la entregues.

PERSEO 10

Seguirá esperándola. Construiré un templo especial para guardarla yo.

POLIDECTO

¿No piensas entregarla?

PERSEO 15

No.

POLIDECTO

No debes hacer eso. Va a parecer un acto de rebeldía.

PERSEO

¡Pero sí es eso precisamente! 20

POLIDECTO

¿Qué objeto...? Muchacho, creí que habías madurado un poco.
¿Qué es una decisión nuestra en el tiempo de los dioses? Algún día
envejecerás, querrás reconciliarte con ellos. O amarás menos tus
5 hazañas, o... Con la edad vienen las concesiones y Atenea tendrá su
cabeza. Pero hay algo más que hablar, más temporal y más urgente:
tu gobierno. He preparado un consejero para ti. Será nuestro embajador
en Argos. El te señalará el camino común de nuestros intereses.

PERSEO

10 Señor, en mi gobierno habrá sólo un camino: el que yo trace.

POLIDECTO

Hablas como un héroe. Un rey es un gobernante, no alguien que
casualmente sobrevivió sus propias atrocidades. Gobernar no requiere
valor: nada más poseer un punto de vista, en el centro del cual estés tú.
15 El heroísmo corresponde a los soldados o a la policía.

PERSEO

Es una idea, señor. Hay otras.

POLIDECTO

¿En tu cabeza? (*Ríe levemente.*) No vayas a enojarte, pero...
20 ¿Has estado en Argos? ¿Has tenido espías que te informen? Yo te
diré esta noche cuántos puertos naturales tiene Argos, cuántos barcos,
qué puntos estratégicos, cuántos hombres. Te lo diré muy poco a poco,
para poder prolongar el placer de tu visita.

PERSEO

25 Es verdad, señor. Reconozco ese modo de actuar: es el de un
gobernante. ¿Pero cuál es el fin de pactar, y acechar, y estar en guardia,

y esperar, y aprender? ¿Cuál es el fin? El mismo reino, la misma multitud que grita vivas. Creo que hay otro camino: ser el dueño primero, saber después los puertos, los hombres, los puntos...

POLIDECTO

¿Y serás dueño, ignorándolos, mientras hay otros que los conocen? 5

PERSEO

Seré. Como fui dueño de esto. (*La caja.*)

POLIDECTO

¿Qué es?

PERSEO 10

La cabeza de Medusa.

(*Avanza unos pasos. Abre la caja, la muestra. Se asoma el maestro.*)

9

EL MAESTRO

Va a entrar la...

(*Calla. Entra Dánae, con su máscara en la mano. Se queda inmóvil 15
también, con la vista fija como todos, en la caja que abrió Perseo.*)

PERSEO

(*Grita.*) ¡Tú no!

(*Cierra la caja. Es demasiado tarde. Andrómeda se acerca a la gente.*)

ANDRÓMEDA

¿Qué sucede? ¿Por qué nadie se mueve? ¿Qué les has hecho a todos? Señor. (*Toca a Polidecto. Grita.*) Está frío y duro. Se está volviendo de piedra.

5   PERSEO

Ya era de piedra.

(*Calla el arpa. Se hace un gran silencio. Andrómeda empieza a sollozar. Perseo sube la escalera, despacio, entre la multitud de estatuas. Besa suavemente el rostro helado de Dánae.*)

10   PERSEO

Nunca supiste el momento oportuno. Si hubieras esperado un poco, uno o dos años, tal vez habría podido llorarte. ¿O estoy llorando? No. Tengo la cara húmeda, pero es de sudor. Nos volvemos de piedra, poco a poco. Aunque hay circunstancias que precipitan el proceso.
15   Desterraré a los dioses de Argos, voy a desterrarlos también de aquí. Pobrecita, por eso nunca podré ponerte en las constelaciones, y te habría gustado tanto. Tendrás que conformarte con este frío esplendor. Tal vez haga que te froten de fósforo, para que brilles por las noches en el pequeño templo que voy a consagrarte. No irá allí nadie más que yo,
20   cuando me acuerde. (*Coloca su máscara a Dánae. Se la sujeta alzándole la mano.*) Eres una reina. Al menos, eso sí eres, y siempre lo has sido. (*A sus dos hombres.*) Hagan que toquen las fanfarrias.

(*Los dos hombres se inclinan; sale corriendo uno de ellos. Perseo baja, quita la corona a Polidecto, se la pone él mismo.*)

25   PERSEO

Con tu permiso. (*Le alza la mano, enmascarándolo.*) Ahora, éste es ya, para siempre, tu rostro.

(*Se acerca a Andrómeda, que llora boca abajo, en los escalones del trono.*)

PERSEO

Llora. Mañana olvidarás un poco, te enfermarás del estómago, verás el sol, vivirás. Es bueno que llores. Ya la segunda vez te importará   5
menos.

ANDRÓMEDA

¡No, Perseo, no! ¡Nunca más!

PERSEO

No seas tonta. (*Sube al trono, saltando por encima de Andrómeda.*   10
Grita.) ¡A todos los súbditos! ¡Sepan que desde hoy, Perseo es soberano de los reinos de Argos y Serifos!

ANDRÓMEDA

No te oye nadie. Todos son piedras.

PERSEO   15

No importa.

(*Entra corriendo el hombre.*)

PRIMER HOMBRE

Ya van a tocar la marcha real.

ANDRÓMEDA   20

¿Qué esperas, Perseo? ¡Arroja al mar esa caja, quémala!

PERSEO

¿Me quieres? (*Acerca su cara a la de ella.*)

ANDRÓMEDA

Te quiero.

5   PERSEO

(*Glacial.*) Entonces, cuida esta caja. Aquí guardo todo el amor que me queda. Habrá que construirle un gran templo.

(*Suena la marcha real, barata y valentona. Los dos hombres se postran con exageradas reverencias. Andrómeda llora, de bruces, de-*
10   *soladamente. Perseo se yergue para recibir el homenaje de sus dos súbdi-tos.*)

Telón

México, D. F. agosto de 1950 / junio de 1958.

Temas para composición
o conversación

1. ¿Cómo hace el autor la fusión de la realidad con el mito? Dé ejemplos específicos.
2. ¿Cuáles son las diferencias entre la historia mitológica y la recreación de Carballido?
3. ¿De qué manera cambia la personalidad de Perseo dentro de la obra? Explique.
4. Discuta el personaje de Medusa. ¿En qué consisten las diferencias con el personaje mitológico?
5. Hable sobre el humor en el drama. Haga una lista de ejemplos.
6. ¿Cómo le da el dramaturgo contemporaneidad y color local a su obra? Ejemplifique.
7. Analice las ideas del autor sobre los héroes, los gobernantes y los periodistas?
8. ¿Qué piensa el escritor sobre el ideal y el amor?
9. ¿Cuáles son los aspectos universales en *Medusa*?
10. ¿Cómo fusiona el autor los aspectos locales con los universales, la realidad con la fantasía?
11. ¿Cuál es el papel de la fatalidad?
12. ¿Qué uso se hace de lo sobrenatural? Explique.

CUESTIONARIO

Acto primero

1. ¿Por qué llora Dánae? (Esc. 1)
2. ¿Cómo trata de conquistar el persa la confianza de las criadas? (Esc. 2)
3. ¿Con qué objeto lleva el persa la caja de joyas a Dánae? (Esc. 2)
4. ¿Qué piensan las criadas de Perseo? (Esc. 4)
5. ¿Por qué reprende Polidecto a Perseo? (Esc. 6)
6. ¿Para qué tiene espías Polidecto en palacio? (Esc. 6)
7. ¿Qué concepto tiene Polidecto de un gobernante? Comente. (Esc. 6)
8. ¿Por qué no desea sirenas Polidecto en su reino? (Esc. 6)
9. ¿Cómo trata Dánae a Perseo a pesar de los veintiún años de él? (Esc. 7)
10. ¿Cuál es la historia que cuenta Dánae a Perseo? (Esc. 7)
11. ¿Para qué quiere Dánae que se cumplan los oráculos con Perseo? (Esc. 7)
12. ¿Cuál es el mayor deseo de Perseo? (Esc. 7)
13. ¿Por qué quiere irse Perseo del palacio de Polidecto? (Esc. 8)
14. ¿Cómo se manifiesta lo sobrenatural en la escena 10?
15. ¿Qué discute Atenea con Dánae? (Esc. 10)
16. ¿Cuál será la misión de Perseo? (Esc. 10)
17. ¿Cómo recibe las noticias Perseo? (Esc. 13)

Acto segundo

1. ¿Qué hizo Estanas en la playa? (Esc. 1)
2. ¿Quién cuenta la historia de las estatuas a los visitantes? (Esc. 1)
3. ¿Cuál es el principal negocio de las Gorgonas? Explique. (Esc. 2)
4. Describa el baile de las negras. (Esc. 2)
5. ¿Qué dice el oráculo de Troodos de Pafos? (Esc. 3)
6. ¿Cuáles son las preguntas que hace Acrisio a los oráculos? (Esc. 4)
7. ¿Cuál es la respuesta de Dánae? (Esc. 4)
8. ¿Qué discuten Perseo y Acrisio? (Esc. 7)
9. Cuente lo que pasa en el primer encuentro de Perseo y Medusa. (Esc. 9)
10. ¿Por qué llora y de qué se queja Perseo con Medusa? (Esc. 9)
11. ¿Cómo describe Medusa a los héroes? (Esc. 9)
12. ¿Por qué reprende Medusa a Perseo? (Esc. 9)
13. ¿Cómo termina la entrevista entre Perseo y Medusa? (Esc. 9)

Acto tercero

1. ¿Qué buscan Estanas y Eunala? (Esc. 2)
2. ¿De qué se trata en la conversación entre Perseo y Acrisio? (Esc. 4)
3. ¿Por qué se muda de casa Medusa? (Esc. 5)
4. ¿Qué es lo que encierra el cofre de Medusa? (Esc. 5)
5. Describa a Medusa de niña. (Esc. 5)
6. ¿Por qué se transformó el cabello de Medusa? (Esc. 5)
7. ¿Qué venden los niños? (Esc. 5)
8. ¿Por qué golpea Perseo a un esclavo? (Esc. 5)
9. ¿Por cuál razón mata Perseo a Acrisio? (Esc. 5)

Acto cuarto

1. Describa el encuentro de Perseo con la tripulación de Acrisio. (Esc. 1)
2. ¿Qué le ofrece Perseo a Medusa? (Esc. 2)
3. ¿Por qué llora Medusa? (Esc. 3)
4. ¿Qué hará Perseo con los dioses ahora que es rey? (Esc. 6)
5. ¿Cuál es la razón de la felicidad de Perseo? (Esc. 6)
6. ¿Por qué quiere Medusa que la deje Perseo? (Esc. 7)
7. ¿Qué súplica le hace Medusa a Perseo antes de que éste la mate? (Esc. 7)
8. Cuente como mata Perseo a Medusa. (Esc. 7)
9. ¿Cómo es la reacción de Perseo después de la muerte de Medusa? (Esc. 7)

Acto quinto

1. ¿Por qué recibe un golpe el maestro de baile? (Esc. 1)
2. ¿Cuál es la causa del disgusto de Perseo? (Esc. 3)
3. ¿Qué planes tiene Perseo? (Esc. 3)
4. Descríbase el encuentro de Dánae con su hijo. (Esc. 4)
5. ¿Cuál es la actitud de Dánae al saber que Perseo se ha casado? (Esc. 4)
6. ¿Por qué se sorprende Dánae al oir el nombre de Andrómeda? (Esc. 4)
7. Explique lo que representan los poetas en la obra. (Esc. 4)
8. ¿Qué quieren saber los poetas? (Esc. 5)
9. ¿Cómo se sentía Perseo después de su primera hazaña? (Esc. 5)
10. ¿Cuál es la tercera hazaña que relata Perseo? (Esc. 5)
11. ¿Qué opinión tiene Perseo de sus hazañas? (Esc. 5)
12. ¿Por qué se pone triste Dánae? (Esc. 6)
13. ¿Cuáles son las razones de Dánae por haberse casado con Polidecto? (Esc. 6)
14. ¿Qué asuntos discuten Perseo y Polidecto? (Esc. 8)
15. Describa lo que ocurre al abrir Polidecto la caja que contiene la cabeza de Medusa. (Esc. 9)
16. ¿Qué piensa hacer Perseo con la estatua de su madre? (Esc. 9)
17. ¿A quién ama verdaderamente Perseo? ¿Por qué? (Esc. 9)

VOCABULARY

The vocabulary contains all the words that appear in the text except:
Articles,
Normally formed adverbs, when the noun or adjective is given,
Numerals (cardinal and ordinal),
Diminutives,
Some prepositions, conjunctions and the more common pronouns,
Cognates,
Past participles of most listed infinitives.
All verbs are listed in the infinitive form.
The gender of nouns is not listed for: (1) masculine nouns ending in -e, -ín, -o, -ón, -r; (2) feminine nouns ending in -a, -azón, -dad, -ez, -ión, -tad, -tud, -umbre.

The following abbreviations are used:

adj.	adjective	*m.*	masculine
adv.	adverb	*Mex.*	Mexican
arch.	architecture	*n.*	noun
coll.	colloquial	*naut.*	nautical
conj.	conjunction	*neol.*	neologism
f.	feminine	*pl.*	plural
fig.	figurative	*prep.*	preposition
indef.	indefinite	*pron.*	pronoun
inf.	infinitive	*Sp. Am.*	Spanish American
interj.	interjection	*v.*	verb

Vocabulary

abajo down
    boca — face downward
abandonar to leave
abatir to overwhelm
abertura opening
abismo abyss
abollar to bump; to dent
abrazar to embrace
abrir to open
abrocharse to fasten
abuelo grandfather
aburrición *coll.* boredom
acabar to stop; to finish
acariciar to caress
acaso by chance
acceder to agree
acechar to spy; to pry
aceite oil
acercarse to come close
acomodar to place; to arrange
aconsejar to advise
acontecimiento event
acordarse to remember
acorralado cornered
acostar to put to bed
    —se to go to bed
acremente bitterly
actualmente at present

acuerdo agreement
    de — con according to
achacoso ailing, sickly
adelantar to anticipate
ademán *m.* gesture
además besides
adentro inside
adiós goodbye
adoratorio temple
adornar to decorate
adueñarse to take possession
advertir to warn; to notice
afanarse to busy oneself
afecto affection
afeite makeup, cosmetic
afelpado velvety
afición fondness
afín close
afuera outside
agacharse to stoop
agasajar to shower with attentions
agotar to exhaust
agradecer to be thankful for
agregar to add
agua water
aguacero shower
aguantar to bear
    —se to endure
aguardar to wait
aguardiente cane brandy

agudo high-pitched; sharp
águila eagle
ahogado drowned
ahogar to choke
ahora now
aire air
    al — libre in the open
aislar to isolate
ajeno another's
ala wing
alarido outcry
alba dawn
alborotar to dishevel
alcanzar to reach
alcoba bedroom
alegrarse to be glad
alegría joy
alejado removed
alejar to place at a distance
    —se to go away; to keep at a
    distance; to move away
alfarero potter
alfiler pin
alfombra rug
algo something
alguien someone
alguno some
alimentar to nourish
alquilar to rent
alterar to change
alto loud; tall, high
    en — up
    en lo — de on top of
altura height
    a estas —s at this point
alzar to raise
allí there
amanecer *m.* dawn; *v.* to dawn
amante *f.* mistress
amar to love
amargo bitter
amarrar to fasten
amenazar to threaten
amigo friend
amo master
amor love
amplio spacious; wide
anciana old lady
anciano old man
anclar to anchor

andar to walk
anegar to flood
angosto narrow
anillo ring
animarse to take heart
ánimo mind
anoche last night
anotar to take notes
ansia longing, yearning
ansioso eager
ante in front of, before
antes before
antesala antechamber
antier *coll.* day before yesterday
antojar to take a sudden fancy to
antorcha torch
antro den, cavern; depth
añadir to add
año year
    hacer —s to be a long time
apagar to put out
    —se to become dark
aparecer to appear
apenas hardly
apestar to stink
aplaudir to applaud
apostar to bet
apoyarse to rely upon
aprender to learn
apretar to squeeze, to hug; to pinch
aprisa fast
apuntar to point
apurarse to hurry
aquí here
    de — para allá here and there
arcón large chest
ardor excitement, eagerness
arena sand
argolla large iron ring
armadura armor
    —de pecho breastplate
arpa harp
artífice craftsman
arranque impulse
arrastrar to drag; to carry
    —se to be carried away; to crawl
arrazar to level to the ground
arrebatar to snatch
arrecife reef
arreglar to arrange; to prepare

arrepentirse to repent
arriba upward
    de — a abajo from the top down
arrodillarse to kneel
arrojar to throw
arrugar to crease
asco disgust
asentir to agree
asesino murderer
asesor adviser
así so
asir to take hold of; to grab
asomar to appear
    —se to look in; to look out-
side
aspirante candidate
asunto subject; affair
asustar to frighten
    —se to be frightened
atacar to attack
atar to link
atardecer late afternoon
atender to take care of
atrasado late
atravesar to go through
atreverse to dare
atropello abuse
aullar to howl
aumentar to increase
aún still
aunque although
aura *fig.* atmosphere
ausente absent
avanzado late
avariento miserly
ave bird
    — rapaz bird of prey
avergonzado ashamed
avisar to inform
aviso warning
axila armpit
ayer yesterday
ayudar to help
azahar orange blossom
azorado abashed
azotar to whip
azul blue
azuloso bluish

B

baile dance, dancing; ball
bajar to go down; to lower; to come
down
bajo *adj.* low; *prep.* under
balde bucket
    de — for nothing
banca bench
bando faction
bañar to bathe
    —se to take a bath
baño bathroom
baraja playing cards
barato cheap
barba beard
barbado bearded
barco ship, boat
bastante *adv.* rather
bastar to be enough
basura trash
beber to drink
beca scholarship
bejuco bindweed
bello beautiful; fine
beneficencia charity
berrear to low
besar to kiss
bestia beast
besuquear to kiss heartily and repeatedly
bien *m.* sake
bienvenida welcome
blanco white
blandir to brandish
boca mouth
boda wedding
bola ball
bolsa bag; pocket
bonito pretty; fine; nice
borde edge; rim
borracho drunk
borrar to erase
boscoso woodsy
bosque wood
    — de platanares banana plantation
botella bottle
brama rut
brasero brazier

brazo arm
brea tar
    fuente de — tar pit
brillar to shine
brindar to offer cheerfully
broma joke
    de — in joking
brotar to spring, to flow out
bruces *m., pl.* lips
    de — face downward
bruñido burnished; shiny
brusco abrupt
bueno *adj.* good; *adv.* well
burlarse to make fun
burlón mocking
buscar to look for
búsqueda search

C

caballo horse
cabellera long hair
cabello hair
cabeza head
cacería hunting
cada each
cadáver corpse
cadena chain
caer to fall
caja box
cálido warm
caliente hot
calma *n.* tranquility
calva bald spot
callar to become muted
    —se to be quiet
calle *f.* street
cama bed
cambio change
    a — de in exchange of
caminar to walk
camino way; direction
campana bell
canasta basket
canción song
cangrejo crab
cansar to tire
    —se to become tired

cantar to sing
cantil cliff
canto song
cantor singer
capaz capable
capuchón flame extinguisher
cara face
    poner la — larga to pull a long face
caracol snail shell
carácter temperament
carbón coal
carcajada burst of laughter
carcomido consumed; worm-eaten
cardo thistle
carencia lack
cargamento *naut.* cargo
cargar to carry
caridad charity
cariño affection
carne *f.* flesh
caro expensive
cartón cardboard
casa house; home
casar to marry
    —se to get married
cáscara shell
casco helmet
casi almost
caso case
    hacer — to pay attention
castigar to punish
castigo punishment
casto pure
catre cot
cautivar to attract
cegador blinding
cegar to blind
ceja eyebrow
cencerro cowbell
centavo cent
centro center
    — nocturno night club
ceñir to fasten, to tie; *fig.* to embrace
cepillar to brush
cera wax
cerca near; close by
certeza certainty
cerrar to close

cesto basket
ciego blind
cielo sky
cierto certain
cigarro cigarette
cine movie theater
cintura waist
claro *interj.* of course; *adj.* clear
clavar to stick
clavetear to nail
cobrar to charge; to charge for
cobre copper
cocina kitchen
cocinar to cook
codearse to elbow
codicia lasciviousness
cofre trunk for clothes
col *f.* cabbage
colecta collection
colgado *adj.* hanging
colgar to hang
colilla butt
colocar to place
    —se to place; to place oneself
collar necklace
comer to eat
    —se to eat
cometer to commit
comida food; meal
como *adv.* as, like, how
¿cómo? *adv.* what?
cómodo practical, convenient
compás beat, measure
    al — to the rhythm
    llevar el — to mark the rhythm
complacer to please
comprar to buy
comprobar to verify
con with
    — tal de provided that
conceder to grant
concurso contest
condena condemnation
conducir to take to, to lead
conferencista *m.* lecturer
conjunto *n.* whole
conmovido moved
conocer to know; to meet; to make
    oneself known
conocimiento knowledge

conque well then
consecuentar *Mex.* to take in stride
conseguir to get
consejero adviser
consejo council
considerado *adj.* considerate
consolar to comfort
construir to build
contar to narrate
contener to repress; to contain
contestar to answer
contra against
convenir to agree upon
convertir to make into; to become; to
    turn into
    —se to become
cópula union
corazón heart
    de — heartily, sincerely
coro chorus
coronar to crown
cortar to cut
corte *f.* court
cortejo entourage
cortesano courtier
cortesía curtsy
cortina curtain
corva bend of knee
    dar a las —s to fall down to the
    knees
corregir to correct
correr to run; to draw
corresponder to belong to
corrido romance
corriente trend
cosa thing
coser to sew
costa coast
costear to defray the cost of
costilla rib
costumbre custom
costura sewing
cotidiano daily
cráneo skull
crear to create
crecer to grow; to grow up
crecimiento growth
creencia belief
creer to believe
criada servant

cruzar to cross
cuadro tableau (of a play)
cual which
cualquier any
cuando when
cuanto *adv.* how much
    — más the more
    en — as soon as; as a
cuarto *n.* room
cubrir to cover
    —se to cover
cuello neck
cuenta account
    darse — to realize
cuento short story
cuerpo body
cuidado care
    tener — to be careful
¡cuidado! *interj.* beware!
cuidar to take care of
culpa fault
culpar to accuse
cuna cradle
cumpleaños birthday
cumplir to fulfill
    — ... años to reach the age of
cursar to attend classes
cursi affected
curso course
curtir to tan (hides)
cutis skin (of the face)

CH

chapotear splash
chatarra junk
chico small
chícharo pea
chillar to shriek
chino Chinese
chispa sparkle
chiste joke
chistoso funny
chorizo pork sausage
chorrear to outpour
chorro spurt

D

daño harm

dar to give
    — lo mismo to make no difference
    — risa to make laugh
    ir a — to end
debajo below
    por — down below
debido a on account of
débil weak
decapitar to behead
decir *v.* to tell; *n., m.* saying
    es — that is to say
    querer — to mean
dedo finger
dejar to leave, to abandon, to leave in
    peace, to let; to stop
    — de to stop
delante in front of
delgado slender
demás *indef. pron.* others; other, the
    rest of
    los — the others
demasiado too much
    —s too many
dentro inside
    — de poco shortly
deprimir to depress
derecha *n.* right (direction)
derecho *n.* right
derredor circumference
    en — around
desaforado loud, excessive
desarrollar to develop
desasirse to let loose
descarga discharge
descargar to unload
descender to go down
desconfiar to distrust
descorrer to draw
descubierto uncovered
descubrir to uncover; to discover
desde since; from
    — antes some time before
desdichado unfortunate
desear to wish
desfallecido *adj.* fainting
desgarrador heartrending
desgracia misfortune
desgraciadamente unfortunately
desigualdad inequality
deslizar to slide

desmayarse to faint
desmedido excessive
desnudo naked
desolado grieved; desperate
despacio slowly
desparramar to scatter
despedir to dismiss
   —se to say goodbye
despertar to wake up; to awaken
despierto awake
desplegar to display
desplomarse to collapse
despreciar to despise
después after
desterrado *n.* exile
desvanecer to fade away
detalle detail
detener to stop
   —se to stop
detrás behind
deuda debt
de veras really
día *m.* day
   buenos —s good morning
   todo el — all day long
diariamente daily
diario daily
dibujo drawing
diente tooth
dignamente solemnly
digno dignified
dinero money
dios god
dirigirse to address
discurso speech
discutir to discuss
disfrazarse to disguise
disfrutar to enjoy
disgustarse to be displeased
disminuir to diminish
disparar to shoot
doler to hurt
dominio domain
don *m.* gift
donde where
dorado golden
dormir to sleep
dote dowry
dudar to doubt

dueño owner; master
dulcemente gently
durar to last
duro hard; rough

E

ebrio intoxicated
echar to throw out; to throw
   — la culpa to accuse
   —se to throw oneself
   —se a + *inf.* to begin
edad age
edificio building
egoísta selfish
ejército army
embadurnar to besmear
embajador ambassador
embellecer to embellish
emborracharse to become intoxicated
embotar to weaken
embustero impostor
empezar to begin
empleado employee
emplear to use
empujar to push
   —se to push one another
empuñar to grasp
enamorar to make love to
encajar to fit into
encaminar to direct
encanto delight
encarado featured
   mal — ill-featured
encargar to entrust; to request
   —se de to take care of
encender to light
encendido inflamed
encerrar *fig.* to represent; to lock in;
   to contain
encima above
   por — over
encinta pregnant
enclenque weak
encoger to shrink
   —se de hombros to shrug one's
   shoulders
encontrar to find
encharcarse *fig.* to become dim

endurecerse to become hard
enfermarse to become sick
enfocar to focus on
enfrentar to face
enfriar to become cold
engañar to deceive
engrosar to thicken
enmarcar to frame
enmascarar to mask
ennegrecerse to darken
enojarse to become angry
enriquecer to enrich
ensayar to try out, to rehearse
ensayo rehearsal
enseñar to teach; to show
entender to understand
entero full
entonces then
    de — of that time
entrada entrance
entraña entrail
entre between, amidst
entregar to devote; to give, to deliver
entrevistar to interview
entusiasmado enthusiastic
envainar to sheathe
envejecer to become old
enviar to send
envidia envy
envolver to surround; to wrap up
equipaje luggage
equivocarse to be mistaken
erguirse to stand erect; to raise oneself
erizado bristling
    — de bristling with
esbelto graceful
esbozar to outline
escalera staircase
escalinata stone step
escalón step
escamoso scaly
escapar to flee
    —se to slip away
escarabajo blackbeetle
escenificar to stage
esclavo slave
escoger to choose
esconder to hide
    —se to hide

escribir to write
escuchar to listen
escudo shield
escuela school
escupir to spit
esfuerzo effort
esmerilado polished
eso that
espada sword
espalda back
    a las —s de behind someone's back
espanto fear
espantoso frightful
especie kind, type
espejo mirror
esperar to wait; to hope
espeso thick
espiar to spy
esposa wife
esposo husband
esta this
estallido explosion
estanque pond
estar to be
estatua statue
estentóreo stentorian; *fig.* heartbreaking
estilo style; manner
estómago stomach
estorbar to annoy
estrado platform
estrafalario ridiculous
estrechar to hold
    —se to hug
estrella star
estrellar to shatter
estremecerse to shiver
estrenar to perform for the first time
estribar to be based on
estropeado damaged
estruendoso thundering
estrujar to crush
estuche case
    — de afeites vanity case
evitar to avoid
éxito success
explicar to explain
extemporáneo untimely
extender to spread out
extranjero foreigner

extraño *adj.* raro; *n.* stranger

F

falda skirt
falta *n.* lack; fault
   hacer — to be necessary
faltar to need; to lack one's turn;
   to miss, to be missing
fanfarria fanfare
faro lighthouse
fastidio boredom
favor favor
   por — please
felicidad *fig.* good luck
felicitación congratulation
felicitar to congratulate
feliz happy
fenicio *adj., n.* Phoenician
feo ugly
feroz ferocious
fiebre fever
fiesta party
fijarse to notice
filo edge
fin end; aim
   en — in short
   por — at last; finally
finalizar to conclude
fino delicate; subtle
firmar to sign
flaco skinny
flor *f.* flower
florecer to flourish
fondo bottom; background; base
forjador blacksmith
fracasar to fail
fragua forge
franja fringe
frasco flask, jar
frase sentence
frente front; *f.* forehead
   al — leading
   de — face to face
   — **a** in front of
   — **a** — face to face
fresco fresh
frío cold
   hacer — to be cold

friso *arch.* frieze
frotar to rub
fuego fire
fuera out; outside
fuerte loud; strong
fuerza strength; power
   a — by force
   con — loudly
fugarse to run away
fugaz brief, fleeting
fulgor brilliance
fumar to smoke
fundarse to be founded
fúnebre belonging to the dead

G

gana desire
   tener —**s de** to have a desire
ganar to win over; to win
garra claw
gasa gauze
gastado worn out
gastar to spend
gato cat
gemebundo *adj.* moaning
género type
gente *f.* people
gentil kind
gesto gesture
girar to revolve
glacial frigid
gobernante ruler
gobierno government
golpe blow
   de — suddenly
   — **de teatro** dramatic turn of events
gordo fat
gozar to enjoy
gracia grace
   —**s** thanks
   —**s a** thanks to
   tener — to be funny
grande big; great
granizo hail
grato pleasing
griego Greek
grieta crack
gris grey

grisáceo *fig.* gloomy
gritar to shout
gritería shouting
grito cry
  a — at the top of one's voice
  dar un — to shout
grosero crude, vulgar
gruta cave
guante glove
guapo handsome
guardar to keep
  —se to keep
guardia guard
  estar en — to be on the lookout
guerra war
guerrero warrior
guiar to guide
  —se to guide
guión script
guirnalda garland
gustar to like
gusto taste; pleasure

H

haber to have
  — que + *inf.* to be necessary
habitación room
hablar to speak
hace ago
  desde — for
hacer to make, to do
hacia toward; around
hallar to find
hambre hunger
  tener — to be hungry
hambriento hungry
harpa harp
hasta to, up to; until; even
hay there is, there are
haz *f.* surface (of the earth)
hazaña exploit
hebra thread; *fig.* hair
hediondo stinking
helado frozen
hendidura crack
heraldo messenger
heredero heir
herida wound

herir to hurt; to wound
hermana sister
hermano brother
hija daughter
hijo son
hilaza yarn
hirviente boiling
historia story
hoguera bonfire
hoja leaf
hombre man
hombro shoulder
homenaje homage
honrar to honor
hora time; hour
  ¿que —s son? what time is it?
horroroso frightful
hospedaje hospitality
hospedar to lodge
hoy today
huerta orchard
huerto fruit and vegetable garden
hueso bone
huésped guest
huir to run away
humareda cloud of smoke
humeante fuming
humear to smoke
humilde humble
hundirse to sink

I

igual equal
impedir to prevent
importar to matter
impresionar to impress
improviso unexpected
  de — unexpectedly
inclinarse to bow
incorporarse to sit up
indudablemente irrefutably
infantil children's
infeliz *adj.* unhappy; *m.* poor soul
influir to influence
informe shapeless
ingenuo naive
inmediato close
inmóvil motionless

inmundicia filth
inquietarse to become excited
intempestivamente spontaneously
intento purpose
    de — on purpose
interminablemente endlessly
inútil useless
invertir to reverse
invierno winter
ir to go; to go away
    —se to go away; to come
ira anger
irrespetuoso disrespectful
isla island
izquierda left

J

jadeante out of breath
jardín garden
jarra jug
jefe leader
jerga coarse cloth
jornada act of a play
jorobado hunchbacked
joven *adj.* young; *n.* young man
joya jewel
júbilo jubilation
juego game
juez *m.* judge
jugar to play
juntamente together with
junto *adv.* near
    — a next to; *adj.* together
jurar to swear
juventud youth

L

lado side
ladrillo brick
ladrón thief
lágrima tear
lamentar to regret, to be sorry
lámpara lamp
    — de mano flashlight
lana wool
lanzar to throw
largo long

lástima pity
lastimar to hurt
lata *coll.* nuisance
latido heartbeat
látigo whip
latir to vibrate
lavar to wash
lecho bed
legar to bequeath
legumbre vegetable
lejos far
lengua tongue
    — hendida backbiter
lentejuela sequin
lento slow
levantar to lift; to pick up
    —se to stand up; to lift
leve light; slight
libre free
ligero slight, light
limpiar to clean
limpio clean
lindo pretty, fine; wonderful; dear
liso smooth
listo smart; ready
lóbrego dark
loco crazy
lograr to succeed in
lomo back
lona burlap
luciérnaga firefly
lucir to display
luchar to fight
luego after, next; soon
lugar place
lúgubre gloomy
luna moon
luto mourning
luz *f.* light

LL

llama flame
llamar to call
    —se to be called
llanto crying
llave key
llegar to arrive
    — a + *inf.* to come to, to succeed

llenar to fill
lleno full
llevar to take along; to carry
　—se to take away; to carry away
　— tiempo to have been
llorar to cry
llorón whining
llover to rain
lluvia rain

M

madera wood
madre mother
madurar to mature
maestro master; teacher
magnífico splendid
mago wizard
maíz *m.* corn
mal *n.* evil; *adv.* badly, poorly
maldad evil
maldecir to curse
maldito damned
maltratar mistreat
mamar to suck
manazo *Mex.* slap
mancha spot
mandar to order; to send
　— pedir to send for
manguera hose
mano *f.* hand
manto cloak
manzana apple
manzano apple tree
mañana *f.* morning; *m.* tomorrow
mar *m.* sea
maravilloso marvelous
marchito withered; faded
marfil *m.* ivory
marica *coll.* sissy
marido husband
marinero sailor
marino sailor
mariposa butterfly
mármol marble
más more
máscara mask
mástil *m.* mast
matar to kill

matrimonio marriage
mayor major; older
mayoría majority (of full age)
media stocking
medio half
　a medias halfway; half
　— ambiente environment
　por — de by means of
medir to measure, to look over
mejor *adj.* better; *adv.* rather
melena mane
mendigar to beg
menesteroso needy
menor *adj.* younger; least
menos less
　al — at least
mentir to lie
mentira lie
menudo small
mercader merchant
mercado market
mercancía merchandise
mercante *adj.* merchant
merecer to deserve
mesa table
mesar to pull out (hair)
meter to place, to put
mezcla mixture
miedo fear
　tener — to be afraid
mientras while; until
mimar to pamper
mirar to look
　— a to overlook
mismo self; same
mito myth
modo manner
　de todos —s anyhow
　de un — o de otro one way or
　　another
mole *f.* mass
molestar to bother
molesto annoying
monigote rag figure
morder to bite
morir to die; to die out
mortuorio belonging to the dead
mosca fly
mostrar to show

moverse to move
muchacha young girl
muchacho young boy
mucho much
    —s many
mudanza moving
mudar to change
mueble a piece of furniture
mueca grimace, face
muerte death
muerto *n.* dead
mujer woman; wife
mundo world
    todo — everybody
muñeca doll
murmuración gossip
músculo muscle
músico musician
muslo thigh
muy very

N

nacer to be born
nacimiento birth
nada nothing
    — más only
nadar to swim
nadie no one
nalga buttock
nana *Mex.* nanny
naranjo orange tree
nariz *f.* nose; nostril
naufragar to sink
naufragio shipwreck
nave ship
    — de guerra battleship
necesitar to need
necio foolish, stupid
negar to deny
    —se to refuse
negro *adj.*, *n.* black
nieto grandson
ninguno not any, none
niño child
noche *f.* night
nodriza wet nurse
nombramiento appointment
nombre name
notarse to be noticeable; to show

noticia a piece of news
novedad news
novia sweetheart
nubarrón storm cloud
nube *f.* cloud
nublar *fig.* to darken
nuevamente again
nuevo new
    de — again
nunca never, ever
    — más never again

O

obedecer to obey
objeto reason
óbolo mite; small contribution
obra work
obsequio gift
obsequioso obliging
ocurrir to happen
    —se to cross one's mind; to occur
odio hatred
oficiar to officiate
oficio occupation
ofrecer to offer
ofrenda offering
oído *n.* ear
oir to hear; to listen
ojalá would to God!
ojo eye
ola wave
oler to smell
olor smell
olvidar to forget
oportuno appropriate
oprimir to oppress
opuesto opposed
orgullo pride
orilla shore
orinar to urinate
oro gold
oscurecer to become dark
oscurecimiento blackout
otoño autumn
otro other; another

P

pactar to come to an agreement

padre father
   —**s** parents
pagar to pay
pago payment
país country
paisaje scenery
pájaro bird
pajarraco ugly big bird
palabra word
palanca lever
pálido pale
palmada hand clapping
palmear to clap
paloma dove
papa *Sp. Am.* potato
   —**s fritas** French fries
papá dad
para for, in order to
parado idle
parar to stop
parecer to seem, to appear; to look like
pareja couple
pariente relative
parihuela handbarrow
parir to give birth
parlamento speech
parte place, part
   por todas —**s** everywhere
partir to start from
pasado *n.* past
pasar to happen; to come by; to come in; to pass, to pass through
   — **tiempo** to spend time
pasear to take a walk
paso step
   dar —**s** to take steps
pastel cake
pata foot (of an animal)
patear to kick
pavonearse to show off
pavor terror
payaso clown
paz *f.* peace
pecho chest
pedazo piece
pedernal flint
pedir to ask for
pegar to cling; to beat; to strike
pegote bit
peinarse to comb one's hair

peineta ornamental comb
pelar to husk, to shell
pelear to fight
peligro danger
pelo hair
pelón *coll.* plucked; hairless
pelota ball
pensamiento thought
pensar to intend
peñasco pinnacle
peor worse
pepita grain (of pure gold)
pequeño small
perder to lose
   —**se de vista** to get out of sight
perdonar to forgive
pergamino parchment
periodista *m.* reporter
perla pearl
permanecer to remain
permiso permission
permitir to allow
pero but
perol kettle
persa Persian
   a la — Persian style
perseguir to pursue
persignarse to cross oneself
personaje character
perspicaz sagacious
pertenecer to belong
perra bitch
perrero kennel keeper
pesar to be heavy; to weigh
pescado fish
pescador fisherman
pez fish
pezón nipple
picar to bite
pie foot
   al — at the foot
   en — steady
piedra stone
piel *f.* skin
pierna leg
pintar to paint
pintura paint
placer *n.* pleasure
placer *v.* to please
plano level

planta plant
    — **alta** top floor
plantar to place
plata silver
plátano banana
      bosque de — banana plantation
platicar to talk
playa beach
plegaria prayer
pleno full
pluma feather
población village
pobre *adj.* poor, unfortunate; *n.* a poor
    person
poco little
    por — almost
poder to be able, can; *n.* power
podredumbre putrefaction
podrido decomposed
polvo dust
polvoriento dusty
pollo chicken
poner to put, to place
    —se to put on; to become
por over, through
porque because; in order that
¿por qué? why?
posar to alight
poseer to possess
postrar to prostrate
    —se to prostrate oneself
potaje soup
potranca young mare
preceptor tutor
precio price
precioso lovely
precipitadamente hastily
precipitar to rush
    —se to rush, to dash
preguntar to ask
premio prize
preñado full
prender to attach
prestar to lend
pretender to seek; to court
prevenir to warn
principiar to begin
privado deprived
probar to try on
prohibir to forbid

prolongar to extend
pronto soon
    de — suddenly
propio appropriate; own; proper
proponerse to intend
proporcionar to provide with
propósito intention
próximo next
pueblo people; town
puerta door
    llamar a la — to knock
puerto port, harbor
pues well
puesto *adj.* placed; put on; *n.* place
    — que inasmuch as
pulga flea
pulmón lung
punta extremity
punto point
    a — de on the verge of
punzante pricking
puñalada stab (with a dagger)
puño hilt (of a sword); handful
puta prostitute
    hijo de — son of a bitch

Q

quedar to be left, to be placed; to stay;
    to result; to remain
    —se to stay
quedo *adv.* softly
quemar to burn
    —se to burn
querer to want; to love
querido *adj.* beloved; *n.* paramour;
    darling
quitar to take away; to take off
    —se to take off
quizá perhaps

R

rabia rage
racha gust of wind
rama branch
ramazón pile of branches
ramo bouquet
rancio rancid
rango rank

rascarse to scratch oneself
rasgar to tear
rasgo trait
rata rat
rato moment
raya stripe; wake (of a ship)
    a —s striped
rayo lightning
razón *f.* reason
real royal
rebaño herd
rebeldía rebellion
recibir to receive
recobrar to regain
recoger to collect; to gather
recompensar to reward
reconocer to recognize
recordar to remember
recuerdo souvenir, memory
rechazar to push back; to reject
redondez roundness
redondo round
reflejo reflection
regalo gift
regar to water; to spill
regiamente royally
regresar to return; to go back
reina queen
reino kingdom
reir to laugh
    —se de to make fun of
relámpago lightning
reloj *m.* clock
    — de arena sandglass
remar to row
rendido subdued
renegar to disown
renegrido blackish
renombre fame
repente *n.* unexpected event
    de — suddenly
repentinamente suddenly
repiquetear to chime
repletarse to fill
repleto full
reponerse to recover
reptar to crawl
repugnante repulsive
reseco very dry
respirar to breathe

resplandor glare, radiance
responder to answer
respuesta answer
resto remainder
restregar to rub
resultar to prove to be
retar to challenge
retirarse to move away
retorcerse to twist
retroceder to back away
retumbar to resound
reunir to gather
    —se to gather
reventar to burst out (with anger)
reverencia bow
revisar to examine
revolcarse to roll
revolotear to fling in the air
riqueza wealth; resources
risa laughter
risotada boisterous laugh
robar to steal
roce rubbing
rodar to roll
rodear to surround
rodilla knee
    de —s on one's knees
roer to pick (a bone)
rogar to beg
rojo red
rondar to go around
ropa clothing
rosa pink
rosado rose-colored
rostro face
rotundo full; complete
rueda wheel
ruido noise
rumbo direction of
ruta route

S

sábana sheet
saber to know
sabiduría wisdom
sabor flavor
sabroso pleasant
sacar to produce; to take out; to pull
    out

sacerdote priest
sacudirse to shake oneself
sal *f.* salt
salida departure
salir to go out; to come out
salón lounge, hall
salpicar to splash
saltar to jump, to jump over; *fig.* to swell
salto jump
    a —s impulsively, suddenly
saludar to bow, to greet
salvar to save
salvo except
sandalia sandal
sangre blood
sangriento blood-red
saña anger
sapiente wise
saquear to ransack
secador hair dryer
secar to dry
seco harsh
secretear to talk confidentially
sede *f.* location
sediento thirsty
seguida *n.* series
    en — at once
seguido successive
seguir to follow; to go on
    — + *inf.* to continue
según according to
segundo second
seguro certain; secure
sembrar to sow
semejante *adj.* similar; *n.* fellow creature
sencillo simple
sendos *adj., pl.* each one with
seno breast; *fig.* midst
sensible sensitive
sentarse to sit down
sentido sense
sentimiento feeling
sentir to be sorry; to feel
    —se to feel; to be felt
seña sign
señalar to point out
señor sir; gentleman
señora lady; madam

séquito entourage
ser *n.* being; *v.* to be
    — **bienvenido** to be welcome
serpiente snake
servicio set of dishes
servidor servant
servir to be of use; to be useful
seso brain
si *conj.* if; certainly
    por — in case
sí *adv.* yes; certainly, indeed
siempre always
siervo servant, slave
siglo century
siguiente following, next
silbar to whistle
silla chair
sin without
    — **embargo** nevertheless
sino except
siquiera *adv.* even, at least
    ni — not even
sitio seat; place
situarse to take a position
soberano ruler
sobornar to bribe
sobre on, above
sobresaltado frightened
sobrevivir to survive
sol sun
    puesta del — sunset
soldado soldier
soldar to weld
solo single
sólo only
soltar to burst out; to let go; to let out; to release
    —se to set oneself free; to let go
soltero *adj., n.* single;
sollozar to sob
sombra shadow
sonar to resound
sonido sound
sonreir to smile
soñar to dream
soplar to blow off
soportar to suffer, to endure
sordo deaf
sorprendido surprised
sorpresa surprise

sorpresor *neol.* one who surprises
sospechar to suspect
suavidad mildness
suavizarse to soften
súbdito subject
subir to go up
suceder to happen
sucedido *n.* happening
sucio dirty
sudar to perspire
sudoroso perspiring
sueño sleep
sufrimiento suffering
sujetar to hold; to put into place
superficie *f.* surface
suplicar to beg
suponer to suppose
   —se to be assumed
supuesto assumed
   por — of course
sur south
surgir to emerge
suspirar to sigh
susto fright
susurro whisper
sutil thin, light; keen

T

tabla board
tablado stage
tajo cut
tal such
tamaño size
también also
tambor drum
tampoco either
tan so
   — ... como as ... as
   — solo only
tanto so much
   —s so many
tardar to be slow, to delay; to be long
tarde *f.* afternoon; late
tarjeta card
techo ceiling; roof
tejer to weave
tela cloth, fabric; piece of fabric
telón curtain
temblar to tremble

temer to fear
temor fear
temporada season
temprano early
tender to hand over
tener to have
   — que to have to
tenue soft, slight
terminar to finish
término limit, boundary; term
   primer — foreground
ternura tenderness
terso smooth
tesoro treasure
tiempo time
   a — on time
tienda store
tienta cleverness
   a —s to grope
tierno tender
tierra land; earth
tigrillo gray fox
tijeras *n. pl.* scissors
tímido shy
timón *naut.* helm
   llevar el — to be at the helm
tina bathtub
tiniebla darkness
tío uncle
tipo guy
tirado stretched out, in disarray
tirar to throw away; to throw out; to throw down
toalla towel
tocador dresser
tocar to play (an instrument); to touch; to reach
   —se to cover one's head
todavía yet; still
todo all
tomar to take; to drink
tonelada ton
tontería stupidity
tonto silly
toque touch
torcido twisted
torno turn
   en — around
torpeza awkwardness
tortuga turtle

torre tower
trabajo work
traducir to translate
traer to bring; to take to
   — puesto to wear
tragar to swallow
trago drink
traicionar to betray
traje clothing
   — de gala festive array
trama plot
tranquilamente peacefully
tranquilizar to appease
trapo rag
tras after
trasladar to transfer
tratado treaty
tratamiento treatment
tratar to try, to treat
   —se to have to do with
   —se de to be a matter of
través *m.* turn
   a — de through
trazar to outline, to lay out
trecho stretch
   de — en — from place to place
tripulación crew
trirreme *naut.* trireme
triste sad
   ponerse — to make sad
tronar to snap
tronco bust
trono throne
   salón del — throne room
tropezarse to stumble
   — con to bump into
turbio turbid
tutear to use the *tú* form in addressing
   someone

U

último last
umbral threshold
único *adj.* only, sole; only one
unir to unite
uno *indef. pron.* one, someone
untar to grease
uña fingernail

V

vaca cow
vacío empty
valentón boastful
valer to be worth; to cost; to be worthy,
   to merit
valiente courageous
valioso valuable
valor *m.* courage
varón male
vasija vessel
vaso glass
vela sail
velo veil
vello hair
vencer to overcome
vender to sell
veneno poison
ver to see; to look at
   —se to be seen; to look like
vera edge
   de —s really
verano summer
verdad truth
   en — really
   ¿—? isn't that so?
verdadero true
verde green
vestido dress
vestidura garb
vestir to dress
   —se to get dressed
vez time
   a la — at one time
   a veces sometimes
   en — de instead of
   muchas veces often
   tal — perhaps
viajar to travel
viaje trip
viajero traveler
víbora viper
vida life
vidrio glass
vieja *n.* old woman
viejo *adj.* old; *n.* old man
viento wind
vientre abdomen

vista view
   — **fija** stare
vitorear to cheer
viva *m.* cheer
vivir to live
volar to fly
volcar to empty into
voltear to turn over
volver to come back; to turn away; to make
   — **a** + *inf.* to begin again; to do again
   —**se** to become; to turn around; to turn into

vorazmente greedily
voz *f.* voice
   — **alta** aloud
vuelta turn
   dar —**s** to turn

Y

ya now; already
yerba grass

Z

zurcir to darn

Date Due

SEP 30 '88			
NOV 19 '88			
DEC 9 '88			
	PRINTED	IN U. S. A.	